ROBERTA RIO

Der Topophilia-Effekt

W0011935

GOLDMANN

Dr. Roberta Rio

Der Topophilia-Effekt
Wie Orte auf uns wirken

Mit einem Vorwort von Ruediger Dahlke

GOLDMANN

Sollte diese Publikation Links auf Webseiten Dritter enthalten,
so übernehmen wir für deren Inhalte keine Haftung,
da wir uns diese nicht zu eigen machen, sondern lediglich auf
deren Stand zum Zeitpunkt der Erstveröffentlichung verweisen.

Penguin Random House Verlagsgruppe FSC® N001967

1. Auflage
Vollständige Taschenbuchausgabe Februar 2023
Copyright © 2020 der Originalausgabe: edition a
Copyright © 2023 dieser Ausgabe: Wilhelm Goldmann Verlag, München,
in der Penguin Random House Verlagsgruppe GmbH,
Neumarkter Str. 28, 81673 München
Originalverlag: edition a
Umschlaggestaltung: UNO Werbeagentur, München,
in Anlehnung an die Gestaltung der Originalausgabe (Isabella Starowicz)
Umschlagmotiv: FinePic®, München
Textberatung. Katharina Domiter
Satz: Isabella Starowicz
Druck und Bindung: GGP Media GmbH, Pößneck
Printed in Germany
KF · IH
ISBN 978-3-442-17951-0

www.goldmann-verlag.de

Nicht das Licht und Scheinen der Sonne führen uns aus der Dunkelheit, sondern das Wissen um die Dinge.

Titus Lucretius Carus
(antiker römischer Dichter und Philosoph)

Inhalt

Vorwort

von Dr. Ruediger Dahlke

Seit vierzig Jahren versuche ich als Arzt ein Gefühl für Qualität zu vermitteln. Ein Gefühl dafür, wie Quantität und Qualität zusammenhängen und dafür, dass Qualität für unsere Seele meist bedeutsamer ist.

Wie sehr zum Beispiel das Phänomen Zeit neben Quantität auch Qualität haben kann, hat uns spätestens Stefan Zweig in seinem Werk *Sternstunden der Menschheit* gelehrt, einer Sammlung von Miniaturen über, wie Zweig selbst schrieb, »dramatisch geballte, schicksalsträchtige Stunden, in denen eine zeitüberdauernde Entscheidung auf ein einziges Datum, eine einzige Stunde und oft nur eine Minute zusammengedrängt ist« und die »selten im Leben eines Einzelnen und selten im Laufe der Geschichte« ist. Und jeder weiß, dass Sonntag eine andere Qualität hat als Montag, obwohl beide 24 Stunden haben.

Wie sehr auch Information Qualität statt Quantität haben kann, das zeigte uns der österreichische Lehrer Franz Xaver Gruber, der mit dem von ihm komponierten Weihnachtslied »Stille Nacht – heilige Nacht« mehr Gefühl für Weihnachten vermittelte als alle Predigten aller Prediger zusammen.

Der Komponist Claude Joseph Rouget de Lisle motivierte einst mit seiner »Marseillaise« bestimmt mehr Soldaten zum Marschieren, als die Anfeuerungen ihrer Feldherren. Der amerikanische Sänger, Songwriter und Komponist Scott

McKenzie erzählte die Geschichte von uns Hippies in seiner Hymne »San Francisco« mit der Zeile »a new generation with a new explanation« weit besser als jede noch so umfangreiche soziologische Studie. Oder warum stehen dem Begriff »ehrlich verdientes Geld« Begriffe wie »Blutgeld«, »Schwarzgeld«, »Spekulationsgeld« oder »Erbschaftsgeld« gegenüber, wenn es nicht selbst beim Geld, das laut einem österreichischen Sprichwort angeblich »kein Mascherl« hat, tiefer liegende Qualitätsunterschiede gäbe? Qualitätsunterschiede im Hinblick auf das, was dieses Geld mit uns macht?

Im vorliegenden Buch, *Der Topophilia-Effekt*, das mich aus vielen Gründen fasziniert, zeigt Roberta Rio nun, wie notwendig es ist, dass wir auch die Qualität der Orte erkennen, an denen wir uns zu leben, zu arbeiten oder Urlaub zu machen entscheiden. Sie zeigt, dass wir uns damit Leid ersparen können und Unterstützung bei unseren Vorhaben holen können, und dass jeder Ort an sich irgendetwas mit uns macht, das wir als Herausforderung erkennen müssen, um bewusst damit umgehen zu können.

Roberta Rio liefert wundervolle Hinweise und Anleitungen dazu, als Historikerin, gleichzeitig aber auch als Frau mit viel Gefühl für die Qualität von Raum und Zeit. Lesend spüren wir, wie sehr sie sich für die Geschichte von Orten interessiert und sind gefesselt von der Welt, die sich da auftut.

Als jemand, der sich drei Jahrzehnte lang in der Rolle eines Psychotherapeuten mit der Geschichte von Menschen und der Qualität ihrer vergangenen Tage beschäftigte, kann ich ihr Interesse an der Geschichte von Orten umso besser nachvollziehen. Ich verstehe auch ihren Wunsch, ihr Wissen darüber zu teilen. Denn wer sich nur noch nach trivialen Faktoren wie Quadratmetern, Preisen und Verkehrsanbindungen für einen Ort entscheidet, wird diese Unbewusstheit später vielleicht bezahlen. Roberta Rio bezieht sich dabei immer auf historische und naturwissenschaftliche Evidenz und geht der Faktenlage immer wieder nüchtern auf den Grund.

Ich nehme trotzdem auch das aus diesem Buch mit: Es gibt unter den Dingen, mit denen ich mich beschäftige, die sogenannten »Schicksalsgesetze«, über die ich das Buch mit dem gleichnamigen Titel und dem Untertitel *Die Spielregeln des Lebens* geschrieben habe. Eines der wichtigsten dieser Gesetze ist das Resonanzgesetz, das lautet: Jeder Mensch bekommt, was er (zum Lernen) braucht. Was bedeutet, dass wir uns vielleicht aus den falschen Gründen, aber nie zufällig für die Orte entscheiden, an denen wir uns aufhalten. Doch auch damit bleibt es gut zu wissen, worauf wir uns einlassen.

Dafür bietet die Autorin wertvolle und praktische Anhaltspunkte und macht Mut, der eigenen Intuition, unserem Bauchgefühl, zu vertrauen. Sie spannt einen Bogen von energetisch geladenen Hohlwegen der Etrusker und geheimnisvollen gotischen Kathedralen über moderne elektromagnetische Felder bis zum neuen Mobilfunkstandard 5G.

Wir begegnen lesend einigen interessanten und einigen großen Namen, etwa dem Arzt Otto Bergsmann, der die erste Studie zur Qualität von Orten durchführte, dem Architekten Frank Lloyd Wright, der wie viele andere Architekten um diese Zusammenhänge wusste und danach baute, oder dem

Psychiater C. G. Jung, der wie schon die alten Griechen und Römer davon ausging, dass Orte eine Seele haben, dass sie von verschiedenen »Göttern« und »Geistern« bewohnt und von Gedanken-Mustern und Traditionen der Menschen, die dort lebten, geprägt sind.

Einfühlsam bringt uns Roberta Rio diesen »genius loci«, den »Geist des Ortes«, näher und macht uns die wahre Bedeutung der Schreine in Thailand oder etwa unserer christlichen »Marterl« deutlich. Wir verstehen, warum viele von uns so gern reisen und an besondere Orte pilgern und warum wir Lieblingsorte haben, an denen wir besonders gut Kraft tanken können.

Ich wünsche diesem wunder- und wertvollen Buch, dass es viele Menschen erreicht, denn es schafft ein neues, auf Fakten und Intuition basierendes Bewusstsein für die wahren Dimensionen von Raum und Zeit.

Ruediger Dahlke
TamanGa, im August 2020

Dr. Ruediger Dahlke wirkt seit 1979 als Arzt mit Zusatzausbildung für Naturheilweisen und einem Studium der Homöopathie und als Seminarleiter. Seine Bücher zu Themen wie der ganzheitlichen Psychosomatik, zur veganen Ernährung und zu einem spirituellen Weltbild erreichen im deutschen Raum Millionen Leser und liegen in mehr als 280 Übersetzungen in 28 Sprachen vor. Weitere Infos: www.dahlke.at – www.taman-ga.at

Ein abgelegenes Haus

Die Sonne schien und es war für Oktober noch ziemlich warm. Die Luft roch sauber und frisch. Das Laub, das noch an den Bäumen hing, leuchtete in freundlichen Rot- und Brauntönen. Ich freute mich. Erstens über das gute Wetter und zweitens auf meinen bevorstehenden Arbeitstag.

Ich war im Norden des Friaul mit einem Kunden verabredet, der mich beauftragt hatte, ein Haus zu begutachten. Er hatte es vor kurzem gekauft.

In einer Zeitung hatte er einen Artikel mit dem Titel »Der Geist der Orte« über mich und meine Arbeit gelesen. Er handelte davon, wie ich die Geschichte von Grundstücken, Häusern, Gebäuden, aber auch Städten und Regionen recherchiere und daraus Schlussfolgerungen für deren aktuelle Bewohner ziehe. Welche Muster sind an einem Ort zu erkennen? Etwa im Hinblick auf die Gesundheit, die Beziehungen oder die wirtschaftliche Situation der bisherigen Bewohner? Was könnten diese Muster für die aktuellen Bewohner des Ortes bedeuten?

Als ich aus dem Auto stieg, ließ ich zunächst die Fassade des Gebäudes auf mich wirken. Sie bestand aus einer spannenden Mischung aus Holz, rohen Ziegeln und verputztem Mauerwerk. Es war ein schönes, zweistöckiges Haus aus dem 18. Jahrhundert, wenngleich es offensichtlich restaurierungsbedürftig war.

Für mich als Historikerin sind 300 Jahre keine allzu große Zeitspanne. Oft genug habe ich mit viel älteren Gebäuden und Gemäuern zu tun, die teilweise in viel schlechteren Zuständen sind. Und ich liebe das. Vor Bauten zu stehen, die so viel Geschichte in sich tragen, ist für mich ein ganz besonderes Gefühl. Zu wissen, dass in jedem Zimmer, in jedem Winkel und an jedem Fenster ganz unterschiedliche Ereignisse stattgefunden haben. Momente im Leben von Menschen, wichtige wie unbedeutende, die längst verschollene Schicksale ausgemacht haben.

Das Ambiente, das dieses Haus umgab, war idyllisch. Das Anwesen stand mitten in einem Park, recht abgelegen, ohne direkte Nachbarn und kein Verkehr störte die Ruhe.

»Hallo Roberta«, begrüßte mich mein Auftraggeber, ein schlanker, sportlicher, gut aussehender Mann Mitte fünfzig, vielleicht Anfang sechzig. Er blickte seitlich an mir herab. »Du hast ja eine süße Begleitung.«

»Darf ich vorstellen: Das ist Leya«, sagte ich.

Leya wedelte fröhlich, als er ihr den Kopf streichelte.

Normalerweise gehe ich folgendermaßen vor: Ich mache einen Rundgang mit dem Besitzer oder der Besitzerin eines Hauses und lasse mir alles zeigen. Daraufhin gehe ich noch einmal allein umher, um alles aus einem anderen Blickwinkel zu sehen, zu erleben und auf mich wirken zu lassen. Bevor ich mit meinen historischen Recherchen beginne, will ich den Ort spüren, ohne von außen beeinflusst zu werden, denn Eigentümer von Häusern haben immer eine ganz spezielle Bindung an ihr Objekt. Da kann es leicht passieren, dass Besucher wie ich durch ihre Erzählungen ihre neutrale Einstellung verlieren und wichtige Details übersehen.

Dieses Mal waren neben dem Besitzer und mir noch drei weitere Menschen da. Allesamt Handwerker, die sich ein Bild von der Beschaffenheit des Hauses machen wollten. Es stand die Idee im Raum, mehrere Wohnungen darin zu errichten. Aus dem Stall neben dem Haus wollte der Besitzer einen Veranstaltungsraum machen.

»Es ist ein wunderbares Objekt«, sagte er zu mir. »Ich glaube, du wirst so begeistert sein wie ich. Lass uns doch mit dem Stall beginnen.«

Im Stall gab es nicht viel zu sehen. Er war leer und feucht. Die alten Balken an der Decke fielen mir augenblicklich auf. »Schön sind die«, sagte ich.

Er nickte. »Das alles hat Charisma, nicht wahr? Hier könnten Seminare stattfinden und Hochzeiten gefeiert werden. Ich sehe die glücklichen Gesichter der Besucher und Gäste schon vor mir.«

Der Mann war Notar und offensichtlich begeistert davon, hier einen Teil seiner erklecklichen Einkünfte investiert zu haben.

»Wie bist du eigentlich zu diesem Haus gekommen?«, wollte ich wissen.

Er zuckte mit den Schultern. »Ich hatte gehört, dass es zum Verkauf steht. Der Preis war in Ordnung und ich hielt es für eine gute Investition. Sieh es dir doch an! Ich musste einfach zuschlagen.«

Die weitere Besichtigung führte uns ins Innere des Hauses. Dort offenbarte sich mir ein, sagen wir, sehr individueller Baustil. Damit hatte ich bereits gerechnet, nachdem

auch die Fassade schon ein bisschen nach Patchwork aussah. Man konnte sehen, dass das Haus über die Jahrzehnte
immer wieder umgebaut worden war, allerdings ohne ein-
heitliche Struktur, eher chaotisch, sodass das Ganze verwin-
kelt und verschachtelt wirkte.

Ich konnte mich allerdings kaum konzentrieren. So sehr
ich mich auch bemühte, etwas lenkte mich ständig ab. Entweder waren es die Gespräche der anderen, die sich über das
Verlegen der Rohre und Stromleitungen unterhielten und
darüber, wie die Wände beschaffen waren. Oder es war Leya,
die irgendwo herumstreunte. Ich folgte dem Besitzer zwar
von Raum zu Raum, doch es gelang mir kaum, das Haus
wirklich wahrzunehmen.

Nachdem wir mit dem Erdgeschoss fertig waren, stiegen
wir über eine Treppe aus Holz hinauf in den ersten Stock.
Im ersten Zimmer, das wir dort besichtigten, passierte etwas Merkwürdiges. Leya blieb unvermittelt wie angewurzelt
stehen. Um keinen Preis der Welt wollte sie sich weiterbe-
wegen. Ich rief mehrmals ihren Namen, aber sie reagierte
nicht. Sie stand da, stocksteif, und starrte wie gebannt in
eine Ecke. Bloß war dort nichts. Kein Insekt, das herumflat-
terte, kein Licht, das an der Wand tanzte, kein Geräusch, das
aus dieser Richtung kam.

Nicht einmal auf das Leckerli, das ich ihr vor die Schnau-
ze hielt, reagierte sie. Es war sehr seltsam. In der Hunde-
schule hatte ich gelernt, auf diese Weise ihren Stresslevel zu
testen. Nahm sie das Futter an, war das Niveau überschaubar bis niedrig. Alles okay. Nahm sie es nicht an, war sie

angespannt und ich damit gefordert, die Stressquelle auszuschalten. Bloß wie, wenn da keine erkennbare war?

Ich hockte mich zu ihr und schaute in die gleiche Richtung. Vielleicht konnte ich auf diese Weise erkennen, was meine Hündin dermaßen irritierte? Doch ich sah weiterhin ... nichts. Leya blieb noch einige Minuten stehen, ehe sie, genauso plötzlich wie sie erstarrt war, wieder auftaute. Als wäre nichts gewesen, erkundete sie heiter weiter die Umgebung.

Manchmal bedauere ich es, dass ich Leyas Gedanken nicht lesen kann. Denn es ist evident, dass Hunde Dinge wahrnehmen können, die unseren menschlichen Sinneswahrnehmungen verschlossen bleiben. Das Hirnareal von Hunden für Gerüche etwa ist vierzig Mal so groß wie das von uns Menschen. Das ermöglicht es ihnen auch, Dinge zu erschnuppern, die längst vergangen sind. Es ist ein geniales Organ, das eine Zeitreise ins Gestern ermöglicht. Leya ist also auf ihre Art selbst eine Historikerin und womöglich noch mehr. Es gibt zahlreiche Berichte darüber, dass Hunde und Katzen und alle möglichen anderen Tiere auch prophetische Gaben haben. Ihre vielfach belegte Fähigkeit, Erdbeben vorauszusagen, versucht derzeit die renommierte Max-Planck-Gesellschaft über ihr Institut für Verhaltensbiologie in einem aufwändigen Projekt zu ergründen.

Erst jüngst hatte mir Leyas Verhalten bei der Geburtstagsfeier einer Freundin zu denken gegeben. Leya, die es als Musterbeispiel eines Rudeltiers liebt, Menschen um sich zu haben, hatte sich an jenem Abend standhaft geweigert, zu uns ins Wohnzimmer zu kommen. Schließlich hatte ich herausgefunden, dass das Haus, in dem meine Freundin lebte, früher eine Metzgerei gewesen war. Und dass der Platz, an dem wir saßen, genau jener Ort war, an dem die Tiere geschlachtet worden waren.

Viele Hundebesitzer können bestätigen, dass Tiere augenblicklich spüren, ob ihnen etwas oder jemand behagt oder nicht. Gehe ich mit Leya spazieren und begegnen wir anderen Menschen, steuert sie entweder freundlich auf sie zu oder kommt auf meine andere Seite, um ihnen auszuweichen.

Ich habe auch beobachtet, dass Leya ihre Notdurft am liebsten an Orten verrichtet, die für uns Menschen schlechte Energien haben. Als ich sie einmal zu einer kurzen Zugfahrt mitnahm, ging ich vor der Abfahrt noch eine Runde mit ihr, damit sie ihr Geschäft verrichten konnte. Draußen in der Natur weigerte sie sich, erst als wir schon am Bahnsteig waren, entleerte sie sich endlich, und zwar direkt unter einer Hochspannungsleitung. Viele Ratgeber über Hundeerziehung bestätigen dieses Verhalten von Hunden. In Gärten zum Beispiel stellen sie sich gern über Wasseradern.

Möglicherweise verfügen Hunde auch über einen Magnetsinn, der sie ebenfalls Dinge wahrnehmen lässt, die uns verschlossen bleiben. Forscher der Universität in Duisburg-Essen gehen gemeinsam mit Kollegen der Technischen Agraruniversität in Prag der Frage nach, ob Hunde sich für ihr Geschäft am liebsten an der magnetischen Nord-Süd-Achse ausrichten, wenn man sie lässt. Doch leider gehöre ich nicht zu den Menschen, die angeblich mit Tieren kommunizieren können. Ich kann Leya nur beobachten und ihr Verhalten zum Teil des Stimmungsbildes machen, das ich von einer Besichtigung mitnehme.

Einige Tage nach dieser Hausführung machte ich mich an die Arbeit. Ich forschte im Gemeinde-Archiv nach und erfuhr dabei mehr über die Vorbesitzer des Hauses.

Als Archivarin und Historikerin habe ich Zugänge zu Unterlagen, an die nur befugte Menschen kommen. Doch auch allgemein zugängliche Gemeinde-Archive sind für mich wichtige Informationsquellen. Noch wichtiger sind nur Kirchen-Archive, die oft bis ins 16. Jahrhundert zurückreichen, sofern nicht Brände oder andere Katastrophen sie zerstört haben.

Ich sitze dann stundenlang in Zimmern, umgeben von wertvollen, alten Dokumenten und Büchern. Handys sind dort verboten, aber meist handelt es sich ohnehin um Kellerräume ohne Empfang. Die Stimmung ist immer ein bisschen wie in Dan Browns Historien-Thriller *The Da Vinci Code*. Es ist abenteuerlich und aufregend, denn ich weiß nie, auf welches Geheimnis ich als nächstes stoße.

Da sind auch immer eine gewisse Anspannung und Neugier mit dabei, sodass ich mich oft kaum von diesen Unterlagen losreißen kann und viele Tage hintereinander in diesen Zimmern verbringe. Immer auf der Suche nach Details und Namen, die mich auf neue Spuren bringen. Auch online, manchmal einfach über Google, lässt sich bei der Recherche der Geschichte eines Hauses oder eines Ortes mittlerweile viel herausfinden. Wobei es bei Google besonders wichtig ist, auf die Quellen zu achten, weil gerade zu diesem Thema neben einigem Nützlichen auch viel Unfug durch das Internet geistert.

In diesem konkreten Fall reichten die Belege im Gemeinde-Archiv nur bis zum Ende des 19. Jahrhunderts zurück, denn die Umgebung, in der das Gebäude stand, war in beiden Weltkriegen ein Kampfgebiet gewesen. Viele Aufzeichnungen, offenbar vor allem die älteren, waren dabei vernichtet worden oder verloren gegangen.

Meine Recherche konzentrierte sich aber, wie immer in solchen Fällen, nicht nur auf Archive. Einen Großteil meiner Arbeit macht das Reden aus. Ich rede mit Menschen, die in der unmittelbaren Umgebung eines Hauses oder eines Ortes, mit dem ich mich befasse, leben. Vor allem in ländlichen Regionen tragen sie oft überliefertes Wissen in sich, das nur teilweise oder gar nicht dokumentiert ist. Manche von ihnen sind redseliger als andere. Die muss ich finden. Dafür brauche ich vor allem Geduld, Zeit und Feingefühl.

Am Ende meiner Recherchen hatte ich aber genug Informationen gesammelt, um zu erkennen, dass sich in dem Haus eine Geschichte immer wieder wiederholt hatte. Menschen, die dort gelebt hatten, hatten mit wirtschaftlichen Problemen zu kämpfen gehabt. Sie alle mussten das Haus nach dessen Erwerb bald wieder verkaufen, weil sie in finanzielle Not geraten waren und es sich nicht mehr leisten konnten.

Eine Familie, die in dem Haus gelebt hatte, hatte mit ihrem Unternehmen zur Zeit des Zweiten Weltkrieges Metalldosen für Lebensmittel hergestellt. Man würde aufgrund des damaligen Bedarfes an solchen Produkten davon ausgehen, dass sie die vielen Aufträge kaum bewältigen könnten. Immerhin waren Konservendosen überlebensnotwendig für die Soldaten im Krieg. Aber genau das Gegenteil war der Fall: Die Firma ging bankrott.

Später zog ein Ehepaar mit ihrem Sohn in das Haus. Sie hatten sich davor über Jahre hinweg ein erfolgreiches Geschäft in der Textilbranche aufgebaut, das sie, als sie alt genug waren, um in Rente zu gehen, ihrem Sohn überschrieben. Anfangs lief das Geschäft so erfolgreich wie bisher weiter. Dann aber wendete sich das Blatt. Der Sohn, der nie heiratete und sein Leben mit seinen Eltern in dem Haus verbrachte, wurde drogen- und spielsüchtig und führte das Unternehmen binnen weniger Jahre in die Pleite.

Auch Krankheiten hatten dort in der Vergangenheit eine bemerkenswerte Rolle gespielt. In zwei Familien, die das Haus bewohnt hatten, starben Menschen früh durch dasselbe Krankheitsbild. Sie hatten Probleme mit der Lunge gehabt.

Dann stieß ich noch auf ein bemerkenswertes Ereignis, das sich keinem Muster zuordnen ließ, das ich aber dennoch zur Kenntnis nahm. Zur Zeit des Zweiten Weltkriegs hatte eine Handvoll deutscher Soldaten in der großen Scheune ihr Lager aufgeschlagen. Sie blieben einige Wochen dort. Als sie abzogen, blieb einer von ihnen tot im Schuppen zurück. Niemand erfuhr jemals, ob er einem Verbrechen zum Opfer gefallen oder auf natürliche Weise verstorben war.

»Weißt du auch, was Leya in dem Zimmer angestarrt haben könnte?«, fragte der Notar, als ich ihm alles geschildert hatte, was sich in der Vergangenheit in dem Haus zugetragen hatte.

Ich lächelte. »Das ist dir aufgefallen?«

»Es hat mir zu denken gegeben.«

»Ehrlich, ich habe keine Ahnung«, sagte ich. »Es gibt zwar angeblich Menschen, die mit Tieren kommunizieren können, aber ich gehöre nicht dazu.«

Er blieb ernst. »Ich sollte jedenfalls besser verkaufen, meinst du nicht?«

»Diese Frage kannst du nur selber beantworten«, sagte ich. »Die Geschichte des Hauses weist jedenfalls darauf hin, dass Menschen vor dir hier einander ähnelnde Probleme hatten, vor allem wirtschaftliche.«

»Bist du sicher, dass ich diese Probleme auch haben werde?«

»Nein«, sagte ich. »Es gibt keine wissenschaftliche Evidenz dafür, dass sich solche Muster wiederholen, und jeder, der eine solche Evidenz konstruieren würde, wäre ein Scharlatan. Ich kann die Muster bei meiner Arbeit nur erkennen und Schlüsse aus ihnen ziehen, die immer subjektiv bleiben. Ich kann mir die Frage stellen: Was würde es bedeuten, wenn sich diese Muster fortsetzen? Setzt sich das am deutlichsten erkennbare Muster in der Geschichte dieses Hauses fort, erzielst du vielleicht nicht die Rendite, mit der du bei der Verwertung rechnest. Vielleicht zahlst du sogar drauf. Eben weil du keine Mieter findest oder weil Kosten auftauchen, mit denen du nicht gerechnet hattest.«

Besorgt legte er seine Stirn in Falten. »Was würdest du tun?«

»Du kannst deine Entscheidung nur selbst treffen«, sagte ich. »Sie wird nie zu hundert Prozent rational sein und du wirst nie erfahren, ob sie richtig war, nicht einmal dann, wenn du dir die Mühe machen würdest, zu beobachten, was weiter mit und in dem Haus passiert. Ein anderer Mensch kann ein anderes Schicksal haben, das sich dort auf andere Weise erfüllt, als sich deines erfüllt hätte.«

Er überlegte eine Weile. »Meine Frau wird sich wundern«, sagte er schließlich. »Würdest du es ihr erklären?«

Tags darauf aß ich mit seiner ganzen Familie zu Mittag. Die Frau des Notars war eine elegante, zierliche Person mit schulterlangen, blonden Haaren und einem freundlichen Lachen. Ich fand ihre herzliche Art auf Anhieb sympathisch. Auch die beiden Kinder des Ehepaares waren dabei. Ein Junge und ein Mädchen im Teenageralter. Es gab buntes Ofengemüse, Zucchini, Tomaten, Fenchel, alles Mögliche, dazu Salat.

»Mahlzeit«, sagte die Frau, als sie jedem eine große Portion auf dem Teller anrichtete. »Lasst es euch schmecken!«

Wir plauderten beim Essen über das Wetter und wir waren alle zufrieden damit. Dieser Herbst war tatsächlich schön. Viel Sonnenschein, kaum Niederschlag. Die Familie plante, in den kommenden Wochen für ein paar Tage zu verreisen.

Nicht weit weg, aber raus aus den eigenen vier Wänden, mal wieder etwas anderes sehen, neue Eindrücke sammeln. Ich sagte, dass ich das nachvollziehen könne und dass sie ihren Kurztrip in vollen Zügen genießen sollten.

Dazwischen zog Leya immer wieder die Aufmerksamkeit auf sich, indem sie ihren Kopf schief legte und Streicheleinheiten einforderte. Darin ist sie wirklich gut.

Auf das Thema »Immobilie« kamen wir erst spät zu sprechen, nach dem Essen bei Kaffee und Kuchen. Nachdem es hier um viel Geld ging, war die Anspannung des Notars die ganze Zeit über groß. Vor unserem Treffen hatte er mich darauf hingewiesen, dass er mir ein Zeichen geben würde, wenn der richtige Zeitpunkt gekommen wäre, um über diese eine bestimme Sache zu reden. Als er mir das Signal gab, sagte ich, wie mit ihm abgemacht, in die Runde: »Was das Haus betrifft: Ich glaube, es wäre gut, wenn ihr es verkaufen würdet.«

Die Frau riss die Augen weit auf und schlug die Arme über dem Kopf zusammen. Einem Moment der absoluten Stille folgte ein lautes »Endlich!« Sie rief: »Endlich sagt das jemand! Es wird Zeit, dass wir diese Immobilie loswerden. Schnell weg damit!«

Der Mann war genauso verblüfft über ihre Reaktion wie ich. Dann erzählte sie mir, dass ihr Mann seit dem Kauf immer angespannt und nervös war, wenn er zu dem Haus fuhr, auch wenn er ständig behauptete, so begeistert davon zu sein.

»Vielleicht habe ich mir tatsächlich etwas vorgemacht«, überlegte er. »Wahrscheinlich hat mich der Papierwert der

Immobilie, ihr vergleichsweise günstiger Preis und die theoretisch erzielbare Rendite abgelenkt. Wenn man dann einmal so viel investiert hat, hört man nicht mehr richtig hin, wenn tief in einem ein Bauchgefühl Alarm schlägt. Man will davon nichts wissen, verdrängt und verkrampft sich. Bloß eine Frage stelle ich mir. Kann ich das Haus überhaupt mit gutem Gewissen verkaufen? Jetzt, wo ich weiß, was mich dort vielleicht erwartet?«

»Diese Frage stellen mir meine Klienten oft«, sagte ich. »Aber ich warne euch vor. Meine Antwort darauf klingt etwas jungianisch und sie ist auch tatsächlich von dem Schweizer Psychiater und Begründer der analytischen Psychologie Carl Gustav Jung, auf den ich später noch zurückkommen werde, geprägt. Sie lautet: Wenn jemand etwas in seinem Leben unbedingt haben möchte, heißt das, dass sein Unterbewusstsein ihn aus irgendeinem Grund dorthin lenkt.

Vielleicht besitzt derjenige, der das Haus kaufen und behalten wird, sogar die Kraft, sich diesen Umständen zu stellen und die Sache zu bewältigen. Oder er sucht unbewusst nach genau diesen Erfahrungen, die er dort machen kann, um daran zu wachsen. So wie du. Jung sagte: ›Bis du dem Unbewussten bewusst wirst, wird es dein Leben steuern und du wirst es Schicksal nennen.‹

Du hast gelernt, dass du besser auf dein Bauchgefühl achten solltest, auch wenn es etwas anderes sagt, als die Zahlen am Papier. Man könnte es so sehen: Du hast mich engagiert, um dir das bestätigen zu lassen.«

Die Geheimnisse der Etrusker

Unseren Ahnen war die Wirkung von Orten bewusster als uns selbst. Das dokumentiert unter anderem die Geschichte der Etrusker, die sie bei ihrer Besiedelungsstrategie berücksichtigten und rund um sie bis heute erhaltene Baudenkmäler schufen.

Dass Orte eine Wirkung haben, spüren viele Menschen intuitiv. Wir haben alle schon einmal Sätze gesagt wie: »Ich habe mich dort gleich wohl gefühlt.« Oder im umgekehrten Sinn: »Ich habe mich dort gleich unwohl gefühlt.«

Die meisten Menschen berücksichtigen diese Eindrücke, wenn sie sich beispielsweise für oder gegen eine Wohnung oder ein Haus entscheiden. Viele geben diesen Empfindungen mehr Bedeutung als Kriterien wie Balkon, Raumgröße und -höhe oder Parkplatzangebot. Von der ersten Nacht in einer Wohnung heißt es, man solle die Träume beobachten, denn sie hätten Bedeutung für das Leben dort.

Erst jüngst lief im Bayerischen Fernsehen ein Beitrag über eine uralte Linde, von der die Eltern den Kindern und die wieder ihren Kindern erzählen, dass sie deshalb so mächtig ist, weil sie auf einer Wasserader steht und dass sie aus dem gleichen Grund in zwei Hauptstämme gespalten ist. Im Dorf gehört das genauso zum Wissen wie etwa, wo der nächste Supermarkt liegt oder wo man im Sommer baden geht.

Ich kenne Menschen, die eine Wohnung nicht haben wollen, weil dort früher eine Zahnarztpraxis war, die sie mit Schmerz assoziieren. Ebenso kenne ich eine Frau aus der oberösterreichischen Landeshauptstadt Linz, die ihr Leben lang einen bestimmten Platz in der Innenstadt mied, ohne zu wissen warum, bis ihr jemand erzählte, dass dort einmal eine Synagoge abgebrannt ist. Es war eine schreckliche Katastrophe mit mehreren Toten. Ich kenne auch erfolgreiche Unternehmer, die lange zögern, ehe sie ihren Firmensitz wechseln, weil sie fürchten, an dem neuen Ort könnte die Energie schlechter sein und ihren Geschäften schaden.

Ist das alles wirklich nichts als Aberglaube?

Auch mir selbst war die Wirkung von Orten bewusst, lange bevor ich mich wissenschaftlich damit auseinanderzusetzen begann. So etwa hatte mich als Historikerin schon immer das antike Volk der Etrusker fasziniert. Die Etrusker lebten wahrscheinlich von 800 v. Chr. an im Raum der heutigen italienischen Regionen Toskana, Umbrien und Latium, bis ihre Kultur in der zweiten Hälfte des 1. Jahrhunderts v. Chr. im römischen Reich aufging.

Die Etrusker waren ein in jeder Hinsicht bemerkenswertes Volk und würden viel mehr historische Beachtung verdienen. Nicht nur, weil sie einer alten Überlieferung zufolge die Herrschaftsdauer und das Ende ihres eigenen Volkes ziemlich präzise vorhersagten. Sie waren auch in den Belangen des täglichen Lebens enorm weit. Sie waren ausgezeichnete Seefahrer und besaßen ein langjähriges Monopol auf die sogenannte Metallroute, die von der Ägäis bis in den Nahen Osten reichte. Bearbeitung von Metallen war so auch, neben dem Handel mit Öl und Wein, ein wichtiges Merkmal ihres Wirtschaftssystems, weshalb sie in der Goldschmiedekunst, der Hydraulik, der Architektur und dem Schiffbau glänzten.

Heute sind sie vor allem für die Gestaltung ihrer Gräber bekannt. Die versahen sie mit Malereien, in denen sich ihre Einstellung zum Tod widerspiegelt. Die Bilder zeigen, dass sie in jeder Hinsicht das Leben feierten. Teilweise finden sich in diesen Zeichnungen aus heutiger Sicht sogar pornografische Inhalte.

Interessant sind auch die Tempel der Etrusker, die sie mitten in die Natur errichteten und mit ihr verbanden. Ihre Spiritualität drehte sich um das »Sacer der Erde«, also um die Ur-Energie der Erde, die, gemäß ihren Überzeugungen, alles erschaffen hat, aber ebenso gut alles zerstören kann. Diese Energie verehrten sie als Gottheit.

Für die Etrusker scheint das Bewusstsein, dass Orte auf sie wirken, ganz selbstverständlich gewesen zu sein und ihren Alltag in vielen Fragen des Lebens durchdrungen zu haben. Besonders interessant fand ich schon immer ihren Brauch der »Leberschau«.

Die Leberschau war ein unverzichtbarer zeremonieller Bestandteil eines Festes, das sie einmal im Jahr einberiefen. Und zwar im »Fanum Voltumnae«, was so viel wie heiliger Bezirk, heiliger Ort an Voltumna, einer etruskischen Gottheit gewidmet, bedeutet. Herzstück der Anlage ist ein u-förmiges Areal mit einem Tempel im Zentrum und zwei Brunnen. Prachtstraßen, gesäumt von Kanälen, führten zu dem Tempel und wurden höchstwahrscheinlich für religiöse Prozessionen genutzt. Einmal jährlich, im Frühjahr, trafen sich laut römischen Schriftstücken die führenden Priester und Politiker der Etrusker dort.

Man kann es sich als Volksfest vorstellen, mit allem, was die Antike dafür zu bieten hatte: Theateraufführungen, sportliche Wettkämpfe, Märkte und überall Menschenmassen, Athleten, Musiker, Tänzer, Gaukler, Händler, Gläubige und Pilger. Erstaunlich war auch, dass die etruskischen Frauen damals – ganz gegen die Gewohnheiten der Römer, die darüber auch aus der Ferne die Nasen rümpften – dem bunten Treiben beiwohnten.

Bei diesem jährlichen Treffen fand immer auch eine Leberschau statt. Nur der oberste Priester, genannt Haruspex, durfte sie durchführen. Je nach Beschaffenheit der Leber von unterschiedlichen Opfertieren, erstellte er Prognosen für die Zukunft. Dabei teilte er die Leber in Regionen auf, die Bezeichnungen wie Berg, Fluss, Straße, Palast, Ohr, Bein, Finger, Zahn, Vulva, Hoden und so weiter bekamen. Ungewöhnliche Löcher in der Leber galten als böses Omen.

Doch die Etrusker nutzten die Leberschau auch bei ihrer Besiedelungs-Strategie, und zwar, um die gute oder schlechte Wirkung von Orten auf Menschen zu klären. Bevor sie eine neue Stadt gründeten oder ein Gebäude errichteten, brachten sie ihre Schafe zu dem betreffenden Ort und ließen sie dort eine Zeit lang weiden. Manche Quellen behaupten, das dauerte ein Jahr lang. Andere meinen, der Zeitraum sei wesentlich kürzer gewesen, im Bereich von nur 14 Tagen.

Nachdem nun die Schafe dort für einen bestimmten Zeit-raum geweidet hatten, schlachteten sie eines der Tiere und untersuchten seine Leber. War sie in schlechtem Zustand, töteten sie ein weiteres Schaf, um herauszufinden, ob sie nur zufällig ein krankes Tier erwischt hatten. Wenn auch die Leber dieses Tieres angeschlagen war, hieß das für sie, dass der Ort keine gute Energie hatte, und sie verließen ihn.

Alten Berichten zufolge nutzten übrigens auch viel späte-re Kulturen Tiere bei ihrer Besiedelungsstrategie. So wie vor mehr als 2000 Jahren die Etrusker ihre Leberschau abhiel-ten, um die Qualität eines Ortes auszukundschaften, trieben Bauern Jahrhunderte später und bis in die Neuzeit hinein ihre Schweine auf ein Grundstück, das sie neu zu bebauen gedachten. Versammelten sich die Tiere an einem bestimm-ten Punkt, so deuteten die Menschen dies folgendermaßen: Hier können wir das Haus, den Stall etc. errichten, hier ist ein unbelasteter Platz.

Schon als ich zum ersten Mal vom Brauch der Etrusker las, fragte ich mich, wie heute die Luftbilder besiedelter Landschaften aussehen würden, wären wir bei der Bewer-tung von Orten den von den Etruskern angelegten Maßstä-ben treu geblieben. Wenn ich lieblos zusammengefügte Ge-bäudekonglomerate sehe, Städte, die einzig Sachzwängen, wie Verkehrsanbindungen folgend über ihre Ränder hinaus-wucherten oder zusammengewürfelte Einkaufs- und Fach-marktzentren mit billigen Wohntürmen dazwischen, fragte ich mich, was die Etrusker wohl dazu gesagt hätten. Und wie viele Gebäude nicht dort stehen würden, wo sie stehen, hätten sie mitreden können. Ich fragte mich auch, wie viele Menschen dann vielleicht gesünder und glücklicher wären, und ob es am Ende so viele wären, dass staatliche Gesundheitsbudgets kleiner sein könnten und die gesellschaftliche Grundstimmung eine entschieden bessere wäre.

Die Etrusker hatten das von ihnen angewandte Wissen über die Wirkung von Orten übrigens nicht selbst entwickelt, sondern ihrerseits von den Kulturen vor ihnen, wahrscheinlich von den Babyloniern, übernommen. Aus heutiger Sicht ist es dabei ein Glücksfall, dass die Etrusker später im römischen Reich aufgingen. Andernfalls wäre von diesem Wissen und allem anderen, das sie ausmachte, viel weniger überliefert. Denn bis heute entzieht sich das wenige, das von den Schriften der Etrusker erhalten ist, der Lektüre. Die Schriften haben zwar teilweise Ähnlichkeit zum altgriechischen Alphabet, doch konnte sie bisher über winzige Fragmente hinaus niemand entziffern. Und das in einer Zeit, da Maschinen jeden noch so komplizierten Code binnen kurzem knacken können. Einer der bekanntesten Etruskologen war der römische Kaiser Claudius, der von 10 v. Chr. bis 54 n. Chr. lebte. Er verfasste ein zwanzigbändiges Werk über die Etrusker, deren Kultur und Geschichte er bewunderte. Doch leider ist es bis auf wenige Zitate und Auszüge nicht erhalten.

Insbesondere ihre Hohlwege bleiben rätselhaft, bei deren Errichtung sie ebenfalls mit der Wirkung von Orten gearbeitet haben dürften. Es handelt sich dabei um bis zu vier Meter breite und bis zu zwanzig Meter hohe Felsschluchten mit steilen Seitenwänden, in den Boden gegraben, nahe den Ortschaften Sorano, Sovana und Pitigliano im Süden der Toskana. Doch zu welchem Zweck? Keine der drei darüber herrschenden Theorien ist wirklich befriedigend.

Eine davon besagt, dass die Hohlwege Teil eines Systems zur Trockenlegung von Feldern waren. Allerdings: Kleine Abflusskanäle hätten denselben Effekt erzielt. Wozu also so viel Aufwand betreiben? Das wäre alles andere als pragmatisch gewesen. Und Pragmatismus ist etwas, worauf unsere Ahnen nachweislich setzten.

Die zweite Theorie besagt, dass die Hohlwege ursprünglich gar nicht so tief waren, sondern erst durch das ständige Begehen entstanden. Alte Menschen vor Ort wissen allerdings, dass sich seit ihrer Jugend nichts an der Tiefe dieser Wege verändert hat, obwohl immer Menschen dort gegangen sind. Warum sollte das zur Zeit der Etrusker anders gewesen sein?

Die dritte Theorie lautet: Die Hohlwege waren schlichtweg Verbindungs- und Transportrouten zwischen Orten. Aber: Sie laufen oft neben normalen Straßen nebeneinander her. Außerdem enden sie irgendwo. Einfach im Nichts.

Fest steht so viel: Diese Hohlwege verfügen über ein spezielles magnetisches Feld. Magnetische Felder, so die Vermutung, sind in der Lage, körperliche Prozesse zu beeinflussen und zu verändern. Demnach könnten sie auch Heilungen bewirken. Eine wissenschaftlich fundierte vierte Theorie über den Sinn der Hohlwege lässt sich daraus noch nicht entwickeln. Jedoch lässt sich historisch belegen, dass unsere Ahnen mit derartigen Kräften gearbeitet haben, meist wohl unbewusst, ohne die ihnen zugrunde liegenden physikalischen und chemischen Zusammenhänge zu kennen.

Erkannten sie an bestimmten Orten, dass da etwas ist, das wirkt, das Einfluss auf sie ausübt, so mieden sie diese Plätze. Oder sie machten sie für ihre Zwecke nutzbar. Wissenschaftlich einzuordnen verstanden die Etrusker dies sicher nicht. Doch das dürfte ihnen ziemlich egal gewesen sein. Der Zwang zur alleinigen Deutungshoheit der Wissenschaft über die Welt ist menschheitsgeschichtlich betrachtet ein blutjunges Phänomen.

Das Geisterhaus

Viele meiner Auftraggeber wollen möglichst genau wissen, wie das mit der Wirkung der Orte ist, wie sie entsteht, wenn sie nicht auf Ursachen wie Bodenstrahlungen zurückzuführen ist. Dann geht es manchmal um die Henne-Ei-Frage: Prägt ein Ort von Anfang an die Menschen, die ihn benutzen? Entstehen also die historischen Muster, die ich entdecke, allein aus ihm heraus? Oder prägen zuerst Menschen mit ihrem Verhalten den Ort und er gibt diese Prägungen an die nächsten Generationen weiter?

Mit einer historischen Expertise kann ich diesbezüglich nicht aufwarten. Was ich kann, ist subjektiv auf Basis meiner Erfahrung und meiner Intuition antworten. Ich glaube, dass es eine ständige Wechselwirkung gibt, einen ständigen Austausch von Energien zwischen uns Menschen und den Orten, die wir benützen.

Warum besuchen wir so gerne die Ateliers großer Künstler, auch wenn sie längst verstorben sind? Hat die Magie dieser Orte die Künstler hervorgebracht, oder haben die Künstler mit ihrer Magie diese Orte geprägt? Ich denke, dass es beides ist. Wenn ich ein Bild sehe oder ein literarisches Werk lese, interessiere ich mich immer dafür, wo der Künstler oder die Künstlerin daran gearbeitet hat. Ich finde immer Manifestationen des Ortes im Werk, ganz vordergründige, in Form von Darstellungen und Beschreibungen, aber auch subjektive, die etwas mit Atmosphäre zu tun haben.

Andererseits verstehe ich auch, warum Menschen sich an Orten inspiriert fühlen, an denen Großes geschaffen wurde, und dass sie dort an der dabei frei gewordenen Energie teilzuhaben glauben. Als hätte dieses Große den Ort mit etwas aufgeladen, von dem sie etwas für sich mitnehmen können.

Ich will versuchen, das anhand eines Hauses an einem Waldrand zu erklären. Es steht mitten in der Natur, ohne direkte Nachbarschaft. Wer sich dort aufhält, kann ungestört die Ruhe genießen, nur ab und zu kommen Wanderer vorbei. Das Haus hat einen Keller, ein Erdgeschoss, ein Stockwerk und eine weitläufige Terrasse, von wo der Blick auf den angrenzenden Wald fällt.

Der Besitzer kontaktierte mich, weil er das Haus vermieten wollte, aber niemanden fand, der dort wohnen wollte. Er hatte keine Erklärung dafür. Immerhin war das Gebäude in ausgezeichnetem Zustand und die Umgebung konnte schöner kaum sein. Mit diesem Wissen machte ich mich an die Recherche.

Die Geschichte des Hauses war relativ jung, da es erst Anfang der 1940er-Jahre errichtet worden war. Ein verliebtes und frisch verheiratetes Paar wollte sich dort ein glückliches gemeinsames Leben aufbauen. Der Mann war Tischler, die Frau absolvierte in der Zeit, als sie eine gemeinsame Bleibe suchten, eine Ausbildung zum Bürofräulein, wie das damals noch hieß.

Nachdem sie das Grundstück gekauft hatten, machten die beiden große Pläne für das Haus. Es sollte gemütlich werden und ausreichend Platz bieten, für sie selbst und für die Kinder, die sie haben wollten. Das erste war schon unterwegs.

Dann brach der Zweite Weltkrieg aus. Der Mann wurde einberufen und musste seine schwangere Frau allein lassen. »Kümmere dich um das Haus«, sagte er zum Abschied und strich ihr durch die rotblonden Haare. »Wenn ich wieder zurück bin, genießen wir jeden einzelnen Tag in unserem schönen, neuen Eigenheim. Versprichst du mir das?«

»Ja, das verspreche ich dir«, beteuerte sie unter Tränen. »Pass gut auf dich auf! Und komm so schnell wie möglich wieder nach Hause.«

So oder so ähnlich muss der Abschied zwischen den beiden wohl verlaufen sein, zumindest wiesen die Aufzeichnungen und Erzählungen, die von der Frau überliefert waren, darauf hin. Vor allem lagen mir Briefe vor, die sie ihrem Mann und dem Vater ihres noch ungeborenen Kindes schrieb. Sie fingen immer mit »Mein süßer, tapferer Ehemann!« an.

In der Folge erzählte sie, wie sie mit dem Hausbau vorankam. Sie schilderte bis ins kleinste Detail, wie die Küche aussah und das Badezimmer. »Für das Baby ist jetzt alles vorbereitet«, schrieb sie einmal. »Ich habe weiße Gardinen genäht und eine Bordüre mit Blumenmuster als Wandschmuck gewählt. Das Gitterbettchen steht auch schon bereit. Ich freue mich schon so sehr darauf, wenn das Kind endlich da ist. Noch ein paar Wochen, dann ist es so weit. Dann darf ich unseren Schatz zum ersten Mal in den Armen halten. Ich hoffe, die Geburt verläuft gut und ohne Probleme. Ich wünschte, du wärst hier. Ich werde unbeschreiblich glücklich sein, wenn du wieder bei uns bist. Ich hoffe, dir geht es gut und du kehrst bald zu uns zurück. Du fehlst mir so. Pass auf dich auf. Wenn du da bist, sitzen wir abends im Kinderzimmer und sehen unserem Baby beim Schlafen zu. Das machen wir, machen wir das? Ich sende dir tausend Küsse in die Ferne.«

Das Leben hatte allerdings andere Pläne für die junge Frau. So kam, was Sie an dieser Stelle vielleicht schon geahnt haben: Der Mann fiel im Krieg und die junge Frau musste ihre Tochter allein zur Welt bringen und großziehen. Das fertige Haus bezog sie nie. Zu groß waren ihr Schmerz und ihre Trauer um den Verlust ihres Mannes. Zu viele unerfüllte Hoffnungen und Träume waren damit verbunden. Sie blieb lieber bei ihrer Familie und verbrachte den Rest ihres Lebens in ihrem Elternhaus.

Das Haus, das für sie und ihren Mann gedacht war, besuchte sie jeden Tag. Sie hielt es sauber und wohnlich. Manchmal verlor sie sich dabei in Tagträumen. Dann hatte sie so bunte und lebhafte Bilder von ihm vor ihrem inneren Auge, dass ihr ein paar Momente lang war, als wäre er gar nicht gefallen. Als würde er vielmehr jeden Moment zur Tür hereinspazieren, »Hallo, Schatz, ich bin wieder hier!«, würde er rufen und sie dafür loben, was sie aus dem Haus gemacht hatte. Sie würde auf der Stelle alles stehen und liegen lassen und sich voller Freude in seine Arme werfen. Tränen der Erleichterung würden über ihre Wangen rollen.

Doch nach wenigen Sekunden verlor ihr Körper jegliche Spannung und sie ließ die Schultern verzagt hängen. Sie wusste, dass das nie passieren würde. Ihr Mann war tot und würde nie wieder heimkehren. Dann öffnete sie stumm alle Fenster, um zu lüften und wenn sie damit fertig war, schloss sie die Tür hinter sich wieder ab.

Ihr ganzes Leben lang machte sie das so.

Als die Frau starb, erbte ihre längst erwachsene Tochter das Haus. Sie fühlte sich dort nie wohl, weil es sie an das Leid ihrer Mutter erinnerte und an ihren Vater, den sie nie kennengelernt hatte. An so einem Ort wollte sie nicht leben. Doch aus Respekt gegenüber ihrer Mutter entschied sie sich dagegen, das Haus zu verkaufen. Sie behielt es und fuhr regelmäßig hin, um nach dem Rechten zu sehen. Sie sorgte dafür, dass ihr eigener Sohn lange nichts davon mitbekam. Sie wollte ihn nicht belasten mit den düsteren Gefühlen, die an dem Haus hafteten.

Als ihr Sohn älter wurde, wurde er dennoch aufmerksam auf das alte Haus. »Ich will es sehen! Nimm mich mit«, bat er seine Mutter. Zu diesem Zeitpunkt war er selbst schon erwachsen.

»Wie du willst«, antwortete sie ihm. »Erwarte aber nicht zu viel. Es ist nichts weiter als ein leerstehendes, altes Haus.«

»Das macht nichts. Ich will es trotzdem sehen«, beharrte ihr Sohn. Er wollte den Ort sehen, der so eng mit der tragischen Geschichte seiner Großmutter verknüpft war.

Als der Sohn das Haus zum ersten Mal betrat, war er erstaunt. Alles war eingepackt, sogar der Kachelofen war in

Plastik gehüllt. Wie im Dornröschenschlaf offenbarte sich ihm das Innenleben dieses Hauses und er entschloss sich, den Räumen endlich Leben einzuhauchen.

Als ich selbst vor Ort war, konnte ich mich von der liebevollen Auswahl an Mobiliar überzeugen, die seine Großmutter getroffen hatte. Viele alte Sachen erinnerten an das junge Paar, das hier zu Beginn des Zweitens Weltkriegs ein glückliches Leben geplant hatte. Da und dort lehnten Bilder von dem angehenden Bürofräulein und dem Tischler. In einem Zimmer stand eine verglaste Vitrine, die in der typischen Formensprache der 1940er-Jahre gehalten war und die unter Antiquitätensammlern vielleicht sogar einiges wert war. Darin befand sich altes Werkzeug aus der Werkstatt des Tischlers. Alte Meißel und Zangen lagen sorgfältig nebeneinander aufgereiht. In einer weißen Schüssel aus Porzellan hatte die Frau sogar eine Handvoll Holzspäne aufbewahrt. Neben der Vitrine stand ein dunkelbrauner Werkzeugkoffer, ebenfalls voll mit Arbeitsutensilien des Gefallenen.

Es war eine Zeitreise, das Haus zu betreten, und das Plastik schien nicht nur die Möbel, sondern auch den Schmerz zu konservieren. Selbst ich spürte dort eine innere Schwere.

»Für mein Empfinden ist das alles hier mit trauriger Energie aufgeladen«, sagte ich zu meinem Auftraggeber, dem Enkel des Bürofräuleins und des Tischlers, nachdem er mich durch alle Zimmer geführt hatte. Ich erklärte ihm, dass die Trauer in diesem Haus auf gewisse Weise gespeichert war. »Es war mein erster Eindruck, als ich das Haus betrat«, sagte ich. »Verstehen Sie, was ich meine?«

Er nickte. »Ich sollte wohl die Einrichtung loswerden«, sagte er. »Ich könnte einen Teil verkaufen und den Rest spenden. Dann lüfte ich gründlich und lasse alles neu ausmalen.«

Der Enkel befreite das Haus von seiner Trauer, die sich über all die Jahre auf diesen Ort übertragen zu haben schien. Inzwischen wohnt eine junge Familie mit zwei kleinen Kindern dort. Sie erfüllt das einstige Geisterhaus mit frischem, neuem Leben und prägt diesen Ort damit möglicherweise für künftige Generationen um.

Das Strahlen-Wissen unserer Ahnen

Schon vor Tausenden von Jahren arbeiteten Menschen
mit Erdstrahlen, ohne etwas über Periodensysteme
und Ordnungszahlen zu wissen.

Einige unserer Vorfahren arbeiteten bereits mit Radon, einem Gas, dessen Isotope radioaktiv sind. Es entsteht beim natürlichen Zerfallsprozess von Radium, das wiederum ein Zerfallsprodukt von Uran ist, einem Metall, das im Erdreich auf natürliche Weise vorkommt.

Als Gas mit sehr hoher Dichte kann sich Radon in Gebäuden, besonders in Kellern und den unteren Stockwerken, in physiologisch bedeutsamen Mengen ansammeln. 2018 ließ das österreichische Bundesland Salzburg in 3.400 Wohnobjekten Radon-Messungen durchführen und stellte fest, dass in zehn Prozent der Wohnungen der Schwellenwert von 300 Becquerel pro Kubikmeter Luft überschritten war.

Doch während eine dauerhafte radioaktive Strahlenbelastung die Gesundheit gefährdet, kann ihr vorübergehender Einsatz auch heilsame Wirkung haben. Die Radonbalneologie etwa ist die therapeutische Anwendung von Radon in Heilbädern oder Heilstollen. Früher war der Begriff Radiumbad verbreitet.

Wirken soll diese Form der Behandlung bei chronisch-entzündlichen Erkrankungen, wie Morbus Bechterew, Rheumatoider Arthritis, Asthma bronchiale oder Arthroseschmerzen. Auch bei Hauterkrankungen, wie verzögerter

Wundheilung, Psoriasis oder Neurodermitis, kommt sie zum Einsatz. Kontrollierte Studien zum Wirkungsnachweis liegen bisher allerdings nur für Morbus Bechterew, Arthritis und Arthrose vor.

Ihren Namen erhielt die Radioaktivität zwar erst Anfang des 20. Jahrhunderts durch das Ehepaar Marie und Pierre Curie, nachdem zwei Jahre zuvor Antoine Henri Becquerel das Phänomen entdeckt hatte, doch bereits zwei Jahrtausende früher nutzten die alten Griechen in Delphi die unsichtbaren Kräfte von Orten, um ihre Gesundheit positiv zu beeinflussen. Dort gab es im Keller des Tempels Apollo einen sogenannten Bauchnabel der Welt, auch »Omphalos« genannt. Auf diesem stand ein mit Wollgirlanden überzogener Kultstein, der vermutlich als Meteorit vom Himmel gefallen war. Über diesem Stein saßen die Priesterinnen und orakelten.

Der Tempel in Delphi war viele Jahrhunderte lang die wichtigste Kultstätte der hellenistischen Welt. Wozu ihn relativ simple chemische Prozesse gemacht haben könnten. Der griechische Schriftsteller Plutarch und der griechische Geschichtsschreiber und Geograph Strabon berichten von Dämpfen, denen sie die visionären Trancezustände der Orakel-Priesterinnen zuschrieben. Plutarch bemerkte auch, dass diese Dämpfe einen süßen Geruch verströmten und sich die Priesterinnen nach dem Einatmen wie Läuferinnen nach einem Rennen oder Tänzerinnen nach einem ekstatischen Tanz verhielten.

Doch es ging im Apollo-Tempel nicht nur um den Blick in die Zukunft. Kranke Menschen konnten den Tempel ebenfalls besuchen und waren dazu eingeladen, im Rahmen einer sogenannten Inkubation eine Nacht dort zu verbringen, um wieder gesund zu werden.

Später fanden Vulkanologen und Geologen eine Fülle an Hinweisen darauf, dass Plutarch und Strabon mit ihren Beobachtungen der Wahrheit heutiger Tage sehr nahegekommen sein könnten. Der Tempel des Apollo scheint direkt über zwei Störungszonen der Erdkruste zu liegen, die von Rissen durchzogen sind, sodass dort Gase aus dem Erdinneren in den Raum treten konnten. Weltweit gibt es mehrere derartige Orte, die je nach Kultur anders benannt werden. Die hebräische Bezeichnung für »Omphalos« ist »Tabor« beziehungsweise »Tabbur«, was zu Deutsch so viel wie »Nabel der Welt« bedeutet.

Hohlwege als antike Energiezentren

Könnten die Etrusker also ihre rätselhaften Hohlwege aus ähnlichen Motiven angelegt haben wie die alten Griechen ihren Apollo-Tempel? Das ist gut möglich. Darauf könnten unter anderem die Gräber hinweisen, die sich entlang dieser Wege befinden. Die Menschen damals könnten bereits bemerkt haben, dass es sich um Orte mit viel Kraft handelte, um sakrale Plätze, deren Wirkung sie besser zur Entfaltung bringen konnten, wenn sie diese Wege schufen.

Auf welche Wirkung genau sie abzielten, bleibt dabei unklar. Doch ich habe selbst erlebt, welche bemerkenswerte

Energie diese Hohlwege haben, als ich vor einigen Jahren mit einem Freund, einem Musiker, diese Hohlwege in der Toskana besuchte. Matteo, mein Freund, und ich arbeiteten gerade an einem Video für einen neuen Song und fanden, dass die Hohlwege eine fantastische Kulisse dafür bildeten.

Die schönsten etruskischen Hohlwege befinden sich in der Nähe der Stadt Pitigliano im Süden der Toskana. Die Via Cava di San Giuseppe ist ein Netz aus insgesamt etwa zwanzig Kilometer langen Wegen, die miteinander verbunden sind. Leider haben vor einigen Jahren schwere Überflutungen in der Gegend die Wege beschädigt und teilweise mit Schwemmgut in Form von Ästen und ganzen Bäumen versperrt. Niemand fühlt sich dafür verantwortlich, sie wieder begehbar zu machen. Doch als wir beide dort hinfuhren, waren sie noch intakt.

Gut ausgerüstet kamen wir an. Matteo hatte seine Kamera und allerhand weitere Ausrüstungsgegenstände dabei, Mikrofone und ein Stativ. Klarerweise zeigten die Displays aller Geräte volle Ladung an und darüber hinaus hatte er Reserve-Akkus dabei.

Wir begannen mit unseren Aufnahmen. Eine Minute später war alles schwarz. Der Akku war leer. »Das ist unheimlich«, meinte Matteo. »Lass uns hier lieber verschwinden.«

»Vielleicht stimmt etwas mit der Anzeige nicht oder beim Aufladen ist etwas schiefgegangen«, sagte ich.

Matteo war etwas beklommen, während wir die Ersatz-Akkus einbauten, ich eher neugierig. Sollten hier tatsächlich Kräfte am Werk sein, die Akkus entladen konnten und deshalb physikalischer Natur sein mussten? Kräfte, die sich die Etrusker, zu welchen Zwecken auch immer, zunutze gemacht hatten? War das wirklich möglich?

Ich nahm wieder meine Position ein. Matteo drückte auf »Aufnahme«. Eine Minute später waren wir wieder am Ausgangspunkt. Das Bild war schwarz. Die Akkus waren leer.

Als wir die Via Cava di San Giuseppe hastig verlassen hatten und ich eine Woche später wieder an meinem Schreibtisch saß, las ich nach. Mitte der 1990er-Jahre befasste sich ein Physiker namens Giuseppe Martelli mit der Erforschung der Phänomene im Zusammenhang mit den etruskischen Hohlwegen, fand ich heraus.

Er lieh sich zu diesem Zweck von einer englischen Universität ein Gaußmeter aus, also ein Instrument, mit dem sich das Magnetfeld der Erde bestimmen lässt.

Ich hatte zu diesem Zeitpunkt bereits die Erfahrung gemacht, dass gerade bei der Wirkung von Orten viele Para- und Pseudowissenschaftler mit fragwürdigen Methoden Bilder und Theorien entwerfen, die einer ernsthaften Betrachtung nicht standhalten. Dies wohl, weil sie von der Wirkung von Orten auf Menschen dermaßen überzeugt sind, dass sie die Grenzen ernsthafter Wissenschaft überschreiten, um an Überzeugungskraft zu gewinnen und dabei in Wirklichkeit genau das Gegenteil erreichen. Sie haben dafür gesorgt, dass die Wirkung von Orten inzwischen, obwohl sich praktisch alle Kulturen aller Zeiten in allen Regionen der Welt damit befasst haben, einen seltsamen Beigeschmack hat. Das Wissen darüber fällt vielfach und zu Unrecht in die gleiche Kategorie wie Verschwörungstheorien.

Deshalb informierte ich mich sicherheitshalber über Martelli, den Mann, der dem Geheimnis der etruskischen Hohlwege mit einem Gaußmeter auf der Spur war. Der Physiker war zwanzig Jahre lang, von 1964 bis 1984, Vorstand der Space und Plasma Physics Group der University of Sussex gewesen, die eine der angesehensten britischen Universitäten ist. Sie benannte sogar, um ihn zu ehren, einen Asteroiden nach ihm.

Martelli war also offenbar esoterisch unverdächtig und seine Erkenntnisse kamen für mich wenig überraschend. Alle von ihm untersuchten etruskischen Hohlwege wiesen offensichtliche Anomalien auf. Außerhalb dieser Wege lieferte das Gerät normale Werte. Bloß blieb auch er die Antwort auf die eigentliche Frage schuldig: Was hatte dieses faszinierende Volk mit den Hohlwegen bezweckt? Wenn es ihm um den Magnetismus ging, warum? Welche medizinischen oder vielleicht auch spirituellen Beweggründe könnten sie gehabt haben, ihn in dieser Form zu verdichten?

Die Vermutung, dass die Etrusker mit ihren Hohlwegen tatsächlich medizinische Ziele verfolgten, liegt nahe. Auch die moderne Alternativmedizin setzt auf die so genannte Magnetfeld- oder auch Magnettherapie, bei der Patienten einem künstlich erzeugten Magnetfeld ausgesetzt werden. Laut den Befürwortern dieser Therapie lassen sich Wundheilungsstörungen, degenerative Erkrankungen des Bewegungsapparates und der Wirbelsäule sowie Knochenbrüche oder Migräne damit behandeln. Sie argumentieren außerdem damit, dass chinesische Mediziner bereits vor rund 2.000 Jahren magnetische Steine zur Heilung einsetzten. Auch in Schriften, die dem antiken Arzt Hippokrates zugeordnet werden, ist vom Einsatz magnetischer Steine die Rede.

Desgleichen sprechen Überlieferungen davon, die alten Römer hätten schon an die positive Wirkung von Magneten geglaubt. Womöglich übernahmen sie dieses uralte Wissen von den Etruskern. Auch die alten Ägypter sprachen magnetischem Schmuck die Wirkung zu, sich stärkend auf die Gesundheit auszuwirken.

Doch was sagt die Forschung im 21. Jahrhundert dazu? Wie steht es um die Wirkung von magnetischen und elektromagnetischen Feldern auf uns Menschen?

Gespaltene Welt der Wissenschaft

Schenken wir dem Deutschen Bundesamt für Strahlenschutz (BfS) Glauben, so ist der Fall klar. Auf der Homepage der Einrichtung ist Folgendes zu lesen:

Statische Magnetfelder üben Kräfte auf magnetisierbare Metalle sowie auf sich bewegende elektrisch geladene Teilchen aus. Der Mensch nutzt starke Magnetfelder beispielsweise für bildgebende medizinische Verfahren. Untersuchungen zeigen bisher keine direkten negativen biologischen und gesundheitlichen Wirkungen statischer Magnetfelder bis zu einer Magnetflussdichte von vier Tesla.

Dazu muss man wissen: Tesla ist nicht nur eine Elektroautomarke, sondern auch die Maßeinheit für die magnetische Flussdichte, benannt 1960 nach dem Erfinder, Physiker und Elektroingenieur Nikola Tesla. Und: Vier Tesla sind für irdische Verhältnisse eine ganze Menge.

Ein handelsüblicher Hufeisenmagnet hat etwa 0,1 Tesla. Ein Kernspintomograph, wie wir ihn von medizinischen Behandlungen mittels Magnet-Resonanz-Therapie (MRT) kennen, kommt auf etwa 0,35 Tesla. Ein Neodym-Eisen-Bor-Magnet (der zurzeit stärkste herstellbare Dauermagnet) hat 1,61 Tesla. Die supraleitenden Dipolmagnete des Teilchenbeschleunigers im unterirdischen Kernforschungsbunker von CERN bringen es auf 8,6 Tesla.

Für uns hier auf der Erde sind aber im Allgemeinen nur die eher niedrigen Werte von Belang. Das Magnetfeld der Erde, so heißt es, könnten Menschen gar nicht wahrnehmen, weil es so gering sei. In Deutschland beispielsweise beträgt es gerade einmal 0,00005 Tesla. Also fünf Mikrotesla. Am Äquator sind es sogar nur drei Mikrotesla, an den beiden Polen wiederum doppelt so viel. Sechs Mikrotesla also.

Höhere Dosierungen (im Vergleich zum natürlichen Erdmagnetfeld) kämen, so das BfS weiter, üblicherweise nur vor, wenn der Mensch sie künstlich erzeugt, wie zum Beispiel bei Kernspintomographen. Ob die relativ hohe magnetische Flussdichte die Gesundheit beeinflussen könne, sei unbekannt, weil die Technologie noch verhältnismäßig jung sei und Langzeitstudien Mangelware wären.

Müssen wir uns also in Anbetracht der recht geringen Strahlungsdosierungen von Magnetfeldern, mit denen wir es im Alltag zu tun haben, überhaupt noch Gedanken zu dem Thema machen? Nein, würde die vorherrschende Gelehrtenmeinung klar sagen, wäre da nicht eine noch ganz neue Forschungsarbeit, die das gründlich in Frage stellt.

Unter dem Titel »Wie magnetische Felder in menschlichen Zellen wirken« berichtete 2018 das deutsche Science Media Center, eine unabhängige und gemeinwohlorientierte Wissenschaftsredaktion und Plattform, auf der Wissenschaft und Journalismus aufeinandertreffen und sich austauschen können, über die Ergebnisse einer Studie, die zuvor im Fachmagazin PLOS Biology publiziert worden war.

Darin geht es um die so genannte »gepulste Magnetstimulation«, ein seit rund fünfzig Jahren angewandtes Verfahren, bei dem bestimmte Hirnregionen des Menschen mit kurzen magnetischen Impulsen stimuliert werden. Die längste Zeit wurde dieses Verfahren in der Therapie von ausgewählten Krankheiten eingesetzt, von Depressionen bis hin zu bestimmten Krebsarten. Die Universität Innsbruck berichtete von Versuchen, um damit Leiden wie Tinnitus und Bulimie zu lindern. Welche zellulären Wirkmechanismen die Magnetstimulation hat, war über all die Jahre jedoch unklar.

Bis zu der erwähnten Studie, die die Fachwelt seither spaltet, weil sie einen Magnetsinn von Tieren und womöglich auch von Menschen, der selbst auf so geringe Feldstärken, wie die des Erdmagnetfeldes, reagiert, wissenschaftlich plausibel macht.

Das Science Media Center stellte Stellungnahmen von Experten online, von denen einige die brisanten Ergebnisse der Studie offen anzweifeln oder ganz vernichten, während andere von »wichtigen neuen Ansätzen« sprechen. Letztere kommen aus allen Ecken der Wissenschaft, aus der Biologie, der Wissenschaftsethik, der Technik, der Medizin und auch der Physik, wie etwa von dem Briten Daniel R. Kattnig vom Department of Physics and Living Systems Stimulation an der Universität von Exeter.

Kattnig fasst das spannende Ergebnis der Studie in seinem Beitrag zusammen und spricht aus, was immer mehr seiner Forscherkollegen denken: »Die Autoren (der Studie, Anm.) geben erstmalig Einblicke in die mechanistischen Grundlagen des Magnetfeldeffektes«, schreibt er. »Im speziellen identifizieren sie das Protein Cryptochrom als essentiell. Dieses wird (...) als zentraler Baustein eines magnetischen Kompass-Sinns von einigen Tieren angesehen, wie zum Beispiel von Zugvögeln. Unter der Annahme, dass hier ähnliche physikalische Prinzipien zur Anwendung kommen, lässt uns das vermuten, dass die präsentierten Resultate weitaus breitere Gültigkeit haben. Es ist also durchaus plausibel, dass auch bei weitaus geringeren Feldstärken und anderen Frequenzen markante Magnetfeldeffekte (...) möglich sind.«

Magnetfelder scheinen sich also tatsächlich und wissenschaftlich nachweisbar positiv und negativ auswirken zu können, je nachdem, unter welchen Rahmenbedingungen sie auftreten und wirken. Und, was besonders wichtig ist: Dass »schwache« Magnetfelder, wie von weiten Teilen der Wissenschaft bisher postuliert, keinerlei zelluläre Wirkung bei Menschen, Tieren und Pflanzen hinterlassen, ist dank dieser neuen Erkenntnisse keineswegs in Stein gemeißelt. Im Gegenteil. Es sieht danach aus, als stünden wir einmal mehr erst am Anfang eines langen Weges der Forschung.

Konsequent weitergedacht würde das auch Fragen im Hinblick auf elektromagnetische Felder, die von Strommasten, Handymasten, Handys, Steckdosen, Elektroautos und so weiter ausgehen, in den Raum stellen. Die Industrie, die mit diesen Dingen arbeitet und von ihnen wirtschaftlich abhängig ist, hat solche Fragen bisher gekonnt und konsequent ins Reich der Verschwörungstheorien verwiesen.

Ich maße mir als Geisteswissenschaftlerin nicht an, unabhängigen naturwissenschaftlichen Forschungen vorzugreifen, aber ich bin doch gespannt, zu welchem Ergebnis sie führen werden. Werden sie einmal mehr bestätigen, was viele Menschen schon immer gespürt haben, es sich aber nicht laut auszusprechen trauten, um nicht auch als Verschwörungstheoretiker zu gelten? Dass uns nämlich diese Felder auf die eine oder andere Weise nicht guttun?

Bereits 2012 wurden im Rahmen einer am Bayor College of Medicine in Houston durchgeführten Studie bei Tauben Magnetfeldrezeptoren im Gehirn gefunden. Mittlerweile weiß man, dass andere Lebewesen wie Bienen, Lachse, Ratten, Wale, Katzen, Schildkröten und Hunde ebenfalls einen

Magnetsinn besitzen. Letztere drehen sich bevorzugt nach Norden oder Süden, wenn sie ihr Geschäft verrichten, und sie haben die stark ausgeprägte Begabung, Stabmagnete zu lokalisieren. Ein Experiment dazu zeigte, dass sie sogar besser darin sind, Magnete zu finden als Futter.

Aber was bedeutet das alles nun für uns Menschen? Verfügen wir auch über einen Magnetsinn? Das würde zum Beispiel die Tatsache erklären, dass die australischen Aborigines in der Lage sind, enorme Distanzen in der Wüste zu überwinden, ohne sich zu verirren. Mehrere Forscher untersuchten das Phänomen ihres genialen Orientierungssinns über die Jahre hinweg und wiesen nach, dass er nicht allein auf visuellen Effekten basieren kann.

1992 fand Joseph Kirschvink, Professor am California Institute of Technology in Pasadena, heraus, dass Menschen magnetische Kristalle besitzen – ungefähr fünf Millionen kommen auf ein Gramm Hirngewebe. 2019 veröffentlichte Kirschvink eine Studie, in welcher er in einem Laborversuch nachwies, dass der Mensch, wenn auch unbewusst, Norden und Süden unterscheiden kann. Die Kristalle in unserem Kopf scheinen also wie eine Kompassnadel zu funktionieren.

Aber warum spüren wir heute nichts mehr von unserem inneren Kompasssystem? Haben wir die intuitive Orientierungsfähigkeit verloren? Vermutlich haben die Zivilisation und das Leben in der Stadt hier ihren Tribut gefordert. Das war auch bei den australischen Aborigines der Fall. In ihrem ursprünglichen Lebensumfeld in der Steppe konnten sie sich problemlos orientieren und sogar Wasser finden, einzig, indem sie sich auf ihre Sinne und ihre Intuition verließen. Als sie aber in zivilisierte Gebiete zogen, ging ihnen diese Fähigkeit verloren.

Die Forschung zur Wirkung von Magnetfeldern auf unser Gehirn rückt auch die Wirkung elektromagnetischer Felder des Mobilfunks wie 5G in den Vordergrund. Was machen sie mit uns? Welche biologischen Auswirkungen haben sie auf unseren Organismus und auf unsere Hirnwellen?

Die Etrusker jedenfalls schienen sich der Wirkung ihrer magnetischen Hohlwege vollauf bewusst zu sein. Doch was es mit den geheimnisvollen Hohlwegen der Etrusker tatsächlich auf sich hat und ob sie dort neben medizinischen auch spirituelle Ziele verfolgten, wird wohl noch eine Weile rätselhaft bleiben. Wie so oft in der Geschichte der Menschheit liegt die Hoffnung auf Antworten auf diese Fragen bei den Forschergenerationen von morgen. Ich bin zuversichtlich, dass sie welche finden werden.

Mystische Kathedralen

Wie kaum eine andere Zunft beschäftigten sich die Dombaumeister des Mittelalters mit der Wirkung von Orten. Sie nutzten sie für spezielle Effekte und können uns damit bis heute inspirieren.

Schon als Teenager stand für mich fest, dass ich später einmal Geschichte studieren werde. Zum Beispiel prägte mein Vater meinen Berufswunsch. Meine Mutter war Krankenschwester und wann immer sie Nachtdienst hatte, schlief ich bei meinem Vater im großen Ehebett. Dann erzählte er mir vor dem Einschlafen abenteuerliche Geschichten über prunkvolle Schlösser in Schottland und über Gespenster und andere außergewöhnliche Wesen, die sich darin aufhielten.

Er glaubte nicht an Geister, aber mich faszinierte seither der Gedanke, dass es Dinge gibt, die wir nicht sehen und auch nicht erklären können und die doch real sind. Dinge, die wir oft als Geister und Spuk und als himmlischen oder höllischen Ursprungs betrachten, aber immer nur so lange, bis wir, wie im Fall des Radons, die tatsächlichen Zusammenhänge zu verstehen beginnen.

Das Mittelalter begeisterte mich als angehende Historikerin besonders. Vor allem nachdem ich den historischen Kriminalroman *Der Name der Rose* von Umberto Eco gelesen hatte. Als ich 13 war, verschlang ich das Werk begierig. Besonders gefiel mir die unergründliche Bibliothek der Benediktinerabtei, die darin eine Rolle spielt. Sie existiert in der

Realität leider nicht, doch ich stellte fest, wie viele faszinierende Gebäude in diesem Zeitalter entstanden waren.

Die gotischen Kathedralen etwa. Wenn ich sie betrete, überwältigt mich auch heute noch ein Gefühl, für das ich keine Worte finde. Wenn dazu noch die Orgel spielt, fühle ich mich durch ihre Klänge in die Zeit von damals versetzt. Jedes Mal, wenn ich in einem dieser Gebäude bin, spüre ich viel Leichtigkeit in mir.

Meine Abschlussarbeit in Geschichte schrieb ich über Kataloge von Büchern in Bibliotheken des 5. bis 12. Jahrhunderts, wobei ich zahlreiche Klöster dieser Zeit besuchte. Unter anderem besuchte ich auch jenen Ort, der wahrscheinlich Umberto Eco zu seiner Bibliothek inspiriert hatte, die Stiftsbibliothek der Schweizer Benediktinerabtei in St. Gallen. Von da an war meine Liebe zum Mittelalter vollends entflammt.

Es waren stets außergewöhnliche Erlebnisse für mich, die so genannten Scriptoria zu besichtigen, jene Schreibstuben, in denen die Mönche ihre Bücher verfassten. Oder die Kreuzgänge, die seit jeher so still sind und eine magische, beruhigende und meditative Wirkung ausüben. Dies dürfte nicht allein an ihrer Geometrie liegen. Die alten Baumeister errichteten solche Kreuzgänge stets dort, wo sich unterirdisches Wasser befand. Der sichtbare Beleg dafür ist meist ein Brunnen in der Mitte des Innenhofs.

Ein schönes Beispiel dafür ist der Brunnenhof im Kreuzgang des Stiftes Heiligenkreuz, das etwas mehr als 30 Kilometer vor den Toren Wiens liegt. Das Stift ist aufgrund seiner

Lage, Bauweise und Geschichte weit über die Grenzen Österreichs hinaus bekannt, besonders, seit die dort lebenden Zisterziensermönche Gregorianische Choräle unter dem Titel Chant – Music for Paradise aufnahmen und mit der 900 Jahre alten Choralmusik die Charts in aller Welt stürmten.

Das »Brunnenhaus« im Stift Heiligenkreuz ist ein sakral wirkender, im Stil der Gotik errichteter Raum. Er erinnert mit seinen fantastischen Darstellungen des Markgrafen- und Herzogsgeschlecht der Babenberger auf den Glasfenstern, dem Schlussstein des Gewölbes mit der Christusfigur und dem Renaissancebrunnen in Form einer Pyramide an eine prachtvolle Kapelle. Denn selbst bei so profanen Tätigkeiten wie Waschen und Reinigen sollten sich die Mönche daran erinnern, wem und was sie letzten Endes dienen: Jesus Christus und seiner Heiligung.

Doch es ging beim Wasser auch um Visionen und nicht zuletzt um Heilung. Welche Wirkung Wasser aus dem Boden in dieser Hinsicht haben kann, hat etwa der amerikanisch-kanadische Psychologie-Professor und Neurotheologe Michael Persinger erforscht. Er befasste sich zeitlebens mit terrestrischen Energien, tektonischen Belastungen innerhalb der Erdkruste oder etwa geomagnetischen Aktivitäten. Persinger ging davon aus, unterirdisches Wasser würde natürliche elektromagnetische Felder beeinflussen und somit das Auftreten von Halluzinationen, Visionen und Heilungen begünstigen.

Damit konform gehen Überlieferungen, denen zufolge Altäre in mittelalterlichen Kirchen fast immer auf Wasseradern stehen, weil das die Priester während ihren Predigten mit zusätzlicher Energie versorgt. Man war sich der Kräfte unterirdischer Wasserquellen und -läufe also auch in den Zeiten bewusst, als die großen sakralen Bauten dieser Welt entstanden.

Michael Persinger starb im August 2018. Heute noch sind seine Theorien umstritten und werden von ihren Gegnern gerne ins Reich der Parapsychologie verbannt. Wer sich allerdings eingehender mit dem vielfach mystifizierten und ebenfalls gerne verunglimpften Thema Wasseradern befasst, weiß inzwischen, dass es trotz ihrer kurzfristig positiven Wirkungen unklug wäre, ein Bett darüber aufzustellen. Denn wie bei vielem anderem auch macht die Dosis das Gift. Zeitlich begrenzt auf einer Wasserader zu stehen, hat definitiv eine andere Wirkung, als stundenlang darauf zu liegen und dabei den ganzen Körper als Angriffsfläche zu bieten.

Auch hier spielt Radioaktivität eine Rolle. Ist das Wasser im Boden an radioaktiven Depots vorbeigeflossen, hat es einen Teil dieser Radioaktivität aufgenommen und strahlt sie hinterher wieder ab. Auch die Kulte, etwa die der alten Griechen, scheinen darauf hinzuweisen, dass Wasser auf diese Weise eine zusätzliche halluzinogene Wirkung entfalten kann. An der falschen Stelle unter dem Bett oder unter einem ständigen Arbeitsplatz hingegen, kann es dementsprechend auch zusätzliche gesundheitliche Gefahren bergen.

Nach welchen Kriterien die alten Dom-, Kirchen- und Klösterbauherren die Standorte bedeutender sakraler Bauten, aber auch kleiner Kirchen und Kapellen auswählten, damit befasst sich Wolfgang Zehetner, der seit Jahren Dombaumeister zu St. Stephan in Wien ist. Zehetner ist als gelernter Architekt ein Experte für Bauweise und Baugeschichte von Domen und Kathedralen, und das über sein unmittelbares berufliches Wirkungsgebiet, dem Stephansdom, hinaus.

Wie war das nun damals, wenn die Dombauherren ans Werk gingen? Wie groß war der Anteil des Absichtsvollen und wie groß jener, den man göttliche Fügung nennen könnte? Welche Rolle spielte der Faktor Zufall beim Bau?

Der Zufall, sagt Zehetner, sei in der Welt der alten Dombauherren keine Kategorie gewesen. Kein bisschen. Sie hätten rein gar nichts dem Zufall überlassen. Vielmehr hätte minutiöse Planung vorgeherrscht, bis ins allerkleinste Detail, und das Dogma, in allem an die Grenzen des Machbaren zu gehen und womöglich auch darüber hinaus.

Größe, Präzision und Schönheit der Gebäude, die architektonischen Hard Facts sozusagen, sind immer nur der eine Aspekt der sakralen Baukunst. Der zweite ist das Mystische, das ihnen anhaftet. Dieses ewig Rätselhafte, dessen Ursachen bei der perfekten Ausrichtung eines Bauwerkes anfangen und über die geisterhaften Lichteffekte an bestimmten Tagen im Jahr bis hin zur Wahl des Ortes nach energetischen Informationen reicht. Die Bauherren griffen dabei auf uraltes Wissen zurück, das heute viele Menschen befremden mag oder erstaunt, damals aber allgegenwärtig war und wie selbstverständlich angewandt wurde.

Dabei geht es unter anderem um Asymmetrie, die Spezialisten dieses Faches, wie Zehetner, bei vielen sakralen Gebäuden feststellen. Zum Beispiel, weil sich Südportal und Nordportal eines solchen Gebäudes nicht exakt gegenüberliegen.

Asymmetrie in einem Bauwerk, das mit derart viel Detailliebe und einem fast zwanghaften Streben nach Harmonie und Vollkommenheit errichtet worden war, wie konnte das sein? Der Grund dafür zeigt, wie wichtig den Bauherren die Wirkung der Orte war. Denn solche Asymmetrien entstanden vielfach, weil sie sich nicht am Gleichmaß, sondern an unterirdischen Wasseradern orientierten.

So zum Beispiel ließen die Bauherren der Kirche im niederösterreichischen Weitra das Nordportal exakt nach dem Verlauf einer Wasserader setzen und das Südportal ebenfalls. Daraus ergibt sich zwangsläufig, dass die Eingänge einander nicht genau gegenüberliegen.

Dass sich derartige Asymmetrien bei sakralen Gebäuden oft mit unterirdischen Wasserläufen abgleichen lassen, ist inzwischen längst wissenschaftlich abgeklärt und vom Nimbus des Geheimnisvollen oder Verschwörungstheoretischen befreit. Das Gleiche gilt für Kanzeln und Altäre, die oft über Schnittpunkten von Wasseradern errichtet wurden, um so eine Quelle für Kraft und Inspiration anzuzapfen. Geschichten wie die einer Mesnerin, die in einer bis ins 12. Jahrhundert zurückreichenden Kirche mehrfach zusammenbrach, wenn sie zu lange am Altar stand, gehören für Zehetner beinahe zum Berufsalltag.

»Man hat auch bei der Auswahl der Bauplätze nichts dem Zufall überlassen«, sagt der Wiener Dombaumeister. »Vor allem im urbanen Raum mussten sich die Bauherren zwar schon damals räumlichen Beschränkungen fügen, je nachdem, wie viel Stadt bereits da war. Doch so ein Bauvorhaben war immer eine Mischung aus zeitgenössischem Pragmatismus und traditioneller Überlieferung alten Wissens.«

Bei vielen, bis heute erhaltenen Bauten sei die Frage, warum sie genau dort stehen, wo sie stehen, noch nicht restlos geklärt. So auch beim berühmten Dom von Speyer, dessen Bau sich keineswegs städtebaulichen Gegebenheiten anpassen musste, sondern gleichsam auf der grünen Wiese erfolgte. Und dennoch musste er genau dort stehen, wo er steht, keine zehn oder 20 Meter abseits davon.

Welche Parameter kamen in solchen Fällen zur Anwendung und woher stammte das Wissen darüber? Abermals landen wir bei der Spurensuche in vorchristlicher, heidnischer Zeit – bei den Kelten und ihren Kraftplätzen und Kraftlinien. Sie erkannten und definierten diese Plätze bereits als solche und bebauten sie entweder gezielt oder mieden sie bewusst.

Viele sakrale Bauten des Christentums stehen auf Kraftplätzen der Kelten. So etwa auch die Kathedrale Notre-Dame von Chartres, die rund 90 Kilometer südwestlich von Paris zu finden ist. Zu ihrer Magie trägt, neben der Zahlenmystik, die dem ganzen Gebäude innewohnt, dem geheimnisvollen Spiel mit Lichteffekten oder dem Grundriss, der auf dem goldenen Schnitt basiert, wohl auch der Ort bei, auf dem sie steht. Fünf sakrale Bauten waren an diesem ursprünglich keltischen Kultplatz bereits errichtet und wieder zerstört worden, ehe die Kathedrale Notre-Dame von Chartres in ihrer heutigen Form dort entstand.

Die Ausrichtung früh- bis spätmittelalterlicher Kirchen erfolgte längst nicht immer, wie vielfach angenommen, nach der so genannten Ostung, also in strengem Ost-West-Verlauf, sondern beugte sich manchmal anderen Traditionen und Zwecken. Der Wiener Stephansdom etwa ist nach Südosten ausgerichtet und die Achse des Langhauses verläuft so, dass sie dem Sonnenaufgang am Stephanstag folgt, während die Achse des Chors auf den darauffolgenden Sonntag verweist.

Aber auch die Lage sakraler Bauten zueinander folgt oft bestimmten Mustern. So können sie auf präzise definierten Achsen liegen, manchmal über weite Räume hinweg. Der Aufgabe, die Systeme oder das eine System hinter diesen Mustern zu entdecken, widmen sich Forscher seit Jahrzehnten. Theorien darüber gibt es jede Menge, tatsächlich bestätigt hat sich bis heute jedoch keine.

Erstaunliches zum Thema Kirchenstandorte und Kraftplätze weiß übrigens auch der Bruder des Wiener Dombaumeisters, Franz Zehetner, ein gelernter Kunsthistoriker und hauptberuflich Archivar der Dombauhütte in der Wiener Innenstadt. »Die Quellenlage ist schwierig, weil schriftliche Zeugnisse ab einer gewissen zeitlichen Distanz Mangelware sind«, sagt er. »Doch vieles lässt sich rückwirkend erschließen. Beim Stephansdom etwa ist es so, dass erst ab den beiden Pest-Epidemien von 1349 bis etwa 1381 Buch geführt wurde. Viele dieser alten Schriften liegen noch in den

Archiven und warten darauf, ausgewertet zu werden. Ein Projekt für Jahrzehnte, doch mit enormem Potential. Auch in Hinblick auf das Standortwissen unserer Vorfahren.«

Die letzten Geheimnisse über die Standortwahl für den Stephansdom und andere spektakuläre Dome und Kathedralen dürften also noch in den Tiefen der Archive begraben sein.

Wie sein Bruder, der Dom-Baumeister, hat auch der Dom-Archivar seine persönlichen Erfahrungen mit besonderen Orten und ihren Wirkungen gemacht. Zum Beispiel in der Basilika von Österreichs bekanntestem und bedeutendstem Wallfahrtsort Mariazell.

»Manch einer lacht mich dafür aus, doch was soll's«, sagt er. »Ich weiß, dass wir Menschen über unterschiedlich ausgeprägte Sensorien und Wahrnehmungsstärken verfügen. Ich weiß, dass es lachhaft ist zu glauben, wir würden allein mit dem Diktat des Rationalen und Begründbaren, dem wir auf dem Weg zur sogenannten Wahrheit alles unterwerfen, den Stein der Weisen finden. Und ich weiß vor allem, was ich selbst erlebt habe.«

Er erzählt von einem Umbau der Mariazeller Basilika im Zuge der Liturgiereform, also der Erneuerung der Heiligen Messe, des Stundengebetes oder der Riten bei der Spendung der Sakramente. Bis dahin stand eine Mariensäule in der Mitte der Kuppel. Im Zuge des Umbaus musste sie an eine neue Stelle hinter den Gnadenaltar übersiedeln. Seither verweist nichts mehr auf ihren ehemaligen, mit Sicherheit sehr bewusst gewählten Standort. Als er eines Tages nichts ahnend genau an dieser Stelle stand, spürte er ein »schwer erklärbares Gefühl von Energie«, erzählt Domarchivar Franz Zehetner. Es sei deutlich und kraftvoll und unverwechselbar gewesen.

Faszinierend an den Kathedralen und Kirchen des Mittelalters ist immer auch der Stein der Toten. Auf ihn legten unsere Vorfahren die Leichen von Bischöfen oder Menschen von höherem Rang. In dem Stein befanden sich Löcher, in die unreine Energien aus den toten Körpern abfließen sollten. Es war ein weit verbreiteter Glaube im Mittelalter, dass diese bestimmten Steine alte Lasten und Blockaden aus dem Leichnam nach unten ziehen konnten, damit der Verstorbene ohne Ballast ins Jenseits übergehen konnte.

Auch der Ort für diese Steine war nicht zufällig gewählt. Nach alten Überzeugungen konnte auch er seine volle Wirkung nur an jenen Energieorten entfalten, die die Errichtung eines Gotteshauses überhaupt erst legitimierten und den richtigen Platz für den Altar vorgaben.

Interessant ist in dem Zusammenhang auch die Grabstätte von Kaiser Heinrich II. und seiner Gemahlin Kunigunde im Bamberger Dom, der zum Weltkulturerbe zählt. In dieser Grabstätte gibt es eine zur Stadt hin gerichtete Öffnung, wo Teile der Reliquien der verstorbenen und später heiliggesprochenen Kaiserin, die nach dem Tod ihres Mannes eine Weile auch die Regierungsgeschäfte des ostfränkisch-deutschen Reiches führte, heute noch liegen. Und von wo, so der Glaube, der Segen, der allen Heiligen für alle Zeiten innewohnt, gleichsam zur Stadt hinausfließt. Freilich ohne dass viele Bamberger Notiz davon nehmen würden, denn die wenigsten wissen davon.

Wenn die Wissenschaft sich eines Tages dazu überwindet, die Wirkung von Orten zu hinterfragen, um sie endgültig wieder zum Teil des menschlichen Bewusstseins und der menschlichen Lebensart zu machen, wie sie es Jahrtausende lang war, wird es auch interessant sein, was sie über Dinge wie diese Öffnung herausfindet.

Der rote Faden in der Geschichte von Orten

Warum ich die Geschichte von Orten recherchiere und wie mich der Psychiater und Begründer der analytischen Psychologie, Carl Gustav Jung, dabei inspirierte.

Viele Jahre nach meinem Studium holte mich das Thema der Wirkung von Orten wieder intensiv ein, denn im Jahr 2000 erkrankte meine Mutter schwer. Sie war Zeit ihres Lebens eine kräftige, starke Frau gewesen, weshalb es mich umso betroffener machte, sie plötzlich leiden zu sehen.

Sie hatte so schlimme Rückenschmerzen, dass sie nicht mehr gehen und sich auch sonst kaum noch bewegen konnte. Wir konsultierten einen Arzt nach dem anderen, aber keiner konnte die Ursache für ihr Leiden herausfinden. In meiner Verzweiflung suchte ich überall nach Möglichkeiten, um meiner Mutter irgendwie zu helfen.

Schließlich entdeckte ich in einem Buch eine Stelle von Hippokrates. Würden im Falle einer Krankheit die Selbstheilungskräfte nicht greifen, schrieb der berühmteste Arzt des Altertums, empfahl er unter anderem einen Ortwechsel.

Ich war bis zu diesem Zeitpunkt noch nie richtig auf den Gedanken gekommen, mein historisches Wissen für meine eigene Lebenssituation oder für die von Menschen in meiner Umgebung anzuwenden, aber jetzt schien mir die Empfehlung des Hippokrates vernünftig. Ich ging davon aus, dass der Mann gewusst hatte, wovon er sprach. Immerhin gilt er noch immer als so etwas wie der Vater der modernen Medizin, weil er sie aus dem Reich der Unwägbarkeiten in das der Vernunft holte. Er stellte bei der Behandlung von Krankheiten als erster rationale Zusammenhänge über göttliches Wirken.

Meine Mutter ließ sich aber trotz ihrer Not nicht dazu überreden, bloß wegen eines Satzes, der irgendwo in einem altgriechischen, viele Tausend Seiten starken Konvolut medizinischer Texte stand, ihre Lebensgewohnheiten so weitreichend zu verändern. Da brauchte ich schon bessere Argumente, das war mir klar, und so fiel mir ein Bekannter ein, der mit Wünschelruten arbeitete. Er war seit langem überzeugt davon, dass Faktoren wie Erdstrahlungen und Wasseradern die Gesundheit beeinflussen können und hatte es sich zur Aufgabe gemacht, derlei mit seinem speziellen Werkzeug zu identifizieren.

Gewöhnt an die pragmatische Herangehensweise der Wissenschaft und der Universitäten an die Dinge, waren mir Wünschelruten und Pendel immer viel zu abstrakt erschienen. In Ermangelung besserer Mittel, die Wirkung unseres Hauses und der Schlafstelle meiner Mutter auf sie zu verstehen, und unter dem Druck der sich einschleichenden Hoffnungslosigkeit, war ich aber offen dafür. Einen Versuch ist es allemal wert, dachte ich mir. Was soll schon schiefgehen, außer dass es am Ende des Tages nichts bringt? Immerhin war auch die Schulmedizin bislang auf keine Therapie gekommen, die meiner Mutter geholfen hätte. Mit genau diesem Argument machte ich den Versuch auch ihr schmackhaft. »Was haben wir zu verlieren?«, sagte ich zu ihr. »Wir können es ja probieren.«

Also kam der Wünschelrutengänger in mein Elternhaus und präsentierte mir wenige Tage später das Ergebnis. Unter anderem erwähnte der Mann auch Radon. »Es ist ein geruchs- und geschmacksneutrales Gas«, erklärte er, als ich nachfragte, weil ich mich damals noch nicht damit auskannte. »Es entsteht absolut natürlich und kommt überall auf der Welt vor. Wenn es durch Risse im Boden an die Oberfläche gelangt und sich in Gebäuden absetzt, erhöht es das Krebsrisiko der Bewohner.«

»Was heißt das?«, wollte ich wissen.

»Nun ja, ehrlich gesagt wäre es gut, wenn deine Eltern ihr Grundstück verkaufen und von diesem Ort wegziehen würden.«

»Kommt gar nicht in Frage«, polterten mein Vater und meine Mutter, als ich ihnen diesen Vorschlag übermittelte. Sie blieben, wo sie waren. Sie waren weder wegen Hippokrates noch wegen ein paar Informationen eines Wünschelrutengängers gewillt, ihr Zuhause, das sie sich mühevoll geschaffen hatten, aufzugeben. Sie weigerten sich sogar, das Bett meiner Mutter wenigstens woanders hinzustellen. Ich konnte sie verstehen, auch wenn ich selbst wahrscheinlich nur zur Sicherheit eine andere Entscheidung getroffen hätte.

Wenig später diagnostizierten die Ärzte bei meiner Mutter ein Myelom, ein Krebsgeschwür im Knochen, woran sie schließlich auch starb. Meine Recherche ergab: Ihr Leiden war eines, das durch radioaktive Belastung entstehen kann, aber natürlich auch aus ganz anderen Gründen.

Der Gedanke, dass mein Elternhaus beziehungsweise dessen Standort den Verlauf der Krankheit meiner Mutter beeinflusst haben könnte, ließ mich von da an nicht mehr los. Unter anderem wurde mir bewusst, dass ich mich dort noch nie wirklich wohlgefühlt hatte.

Schon als Kind mied ich es, zu viel Zeit im Inneren des Hauses zu verbringen. Mich begleitete dort ständig ein Gefühl von Beklemmung und Unruhe. Viel lieber war ich draußen in unserem großen Garten, in dem wunderschöne Birken stehen oder im Haus meiner Großeltern. Dort fand ich eine ganz andere Energie vor.

Mit 17 rannte ich förmlich von Zuhause weg und zog in meine erste Wohnung. Dieses Empfinden konnte ich als Kind und Jugendliche nicht richtig benennen, doch nun fing ich zu glauben an, dass mich meine Intuition geleitet hatte.

Nach dem Tod meiner Mutter setzte ich mich noch intensiver mit der Wirkung von Orten auf Menschen auseinander. Ich landete in der Welt des Irrationalen mit ihrem fließenden Übergang zur Scharlatanerie.

Um dort Anhaltspunkte zu gewinnen, stellte ich eine einfache Überlegung an: Wenn ein Haus auf einer Radon-Quelle steht, dann ist eine Krebserkrankung eines seiner Bewohner kein einmaliges Ereignis, sondern dann ist es in der Geschichte dieses Hauses immer wieder zu einer solchen

Tragödie gekommen. Das Gleiche musste für alle anderen Wirkungen gelten, die ein Ort auf Menschen haben konnte, für seinen »Geist«, wie es die alten Griechen und Römer nannten.

Ich versuchte also, mit historischen Recherchen den roten Faden zu finden, der sich durch die Schicksale zog, die sich an einem Ort zugetragen hatten. Bei meinem Elternhaus war das so nicht möglich, weil sie es selbst gebaut hatten und der Ort davor unbesiedelt gewesen war. In so einem Fall wäre beziehungsweise bin ich als Historiker darauf angewiesen, herauszufinden, was auf dem Grundstück passiert ist, was durchaus möglich ist, um so an Informationen über den »Geist des Ortes« zu kommen.

Bei anderen Gebäuden erzielte ich mit meiner Methode rasch Ergebnisse, die teilweise ganz anders ausfielen, als ich das erwartet hätte. Ergebnisse, die mich ermutigten, weiterzumachen, einfach weil es mir gelang, Menschen damit zu helfen. Ich erkannte, dass es sich wiederholende Muster gibt, die wir besser kennen, ehe wir uns an einem Ort niederlassen, sei es, um dort zu wohnen oder zu arbeiten. Um zu zeigen, warum das so wichtig ist und was wir daraus lernen können, habe ich dieses Buch geschrieben.

Obwohl mein Fokus bei der Ermittlung der Wirkung eines Ortes eindeutig historisch ist und meine Arbeit darin besteht, belegbare Fakten zu generieren und zu analysieren, erhebe ich nicht den Anspruch, die Naturwissenschaften mit den Ergebnissen meiner Untersuchungen zu belehren. Denn die Kombination von Archivrecherchen über einen

Ort mit dem, was unsere Ahnen über die Wirkung von Orten annahmen, sowie mit letztlich intuitiven Eindrücken von ihm und seinen Bewohnern, führt zwar oft zu einem runden und plausiblen, aber doch immer auch zu einem subjektiven Gesamtbild.

So etwa ist erwiesen, dass Ergebnisse einer Untersuchung meist unterschiedlich ausfallen, je nachdem, ob man versucht, etwas ohne Erwartungen zu entdecken oder zu erforschen, oder ob man einer intuitiv gefassten Meinung folgt und beweisen will, dass sie richtig oder falsch ist.

Ganz ohne Erwartungen gehe ich an einen Auftrag heran, wenn mein Auftraggeber unvoreingenommen wissen will, was er an einem Ort tun soll, den er gerade gekauft hat oder der ihm aus anderen Gründen zugefallen ist. Da bin dann auch ich unvoreingenommen, weshalb diese Aufträge meine liebsten sind.

Doch wenn mich jemand fragt, warum an einem Ort diese oder jene Probleme entstehen, kann es durchaus sein, dass ich eine Vermutung habe, der ich bei meinen Recherchen besondere Aufmerksamkeit schenke und die ich unwillkürlich zu belegen versuche.

Ich selbst habe mich im Zuge meiner historischen Arbeit auch mit allem befasst, was die Naturwissenschaften in welcher Epoche über die Wirkung von Orten annahmen und dokumentierten und was sie jetzt dazu als evident einstufen. Dennoch blieb mein Zugang immer ein geisteswissenschaftlicher, und Geisteswissenschaftler waren es auch, die mich am stärksten dabei beeinflussten.

Die Höflichkeit gegenüber dem Unsichtbaren

Ich denke dabei etwa an ein Interview, das Marie-Louise von Franz, langjährige Assistentin des Psychiaters und Begründers der analytischen Psychologie, Carl Gustav Jung, 1982 gab. Sie erzählte darin, wie Jung gegen Ende seines Lebens über seinen »Turm« sprach, mit dem er sein Wohnhaus meinte. Er ließ es 1922 auf einem Grundstück in Bollingen am Zürichsee bauen. Bis heute ranken sich Legenden um dieses Haus, etwa weil er in einen großen quaderförmigen Stein im Garten seltsame Reliefs mit kryptischer Symbolik meißeln ließ.

Laut Marie-Louise von Franz sagte Jung zu ihr, sein »Turm« habe eine Entsprechung im Jenseits, in die er nach seinem Tod übersiedeln werde. Und er empfahl ihr sinngemäß, ihrerseits ein Heim im Diesseits zu finden, das ihrem Heim im Jenseits entsprechen würde. Sie nahm seinen Rat an und baute für sich einen Turm in der Natur.

Die Erfahrungen und das Schicksal eines jeden Menschen in jedem physischen Umfeld hängen von einem Zusammenspiel seines persönlichen Glaubenssystems, seiner bewussten und unbewussten inneren Welten, seines Lebensstils, seiner Beziehungen und seiner physischen und emotionalen Belastbarkeit ab, glaubten Jung und von Franz. Menschen haben Beziehungen untereinander und zu Tieren, aber in sehr realer Weise auch zu Gebäuden, Orten und Landschaften.

In seinem Buch Traumsymbole des *Individuationsprozesses* schrieb Jung: »Es gibt nichts, wovor Sie sich fürchten müssen, aber seien Sie bitte höflich zu den unsichtbaren Anwesenden. Es ist diese Höflichkeit, die für die Naturvölker von großer Bedeutung ist. Wenn die Römer an einen neuen Ort kamen, stellten sie dort einen kleinen Stein, einen Altar, für den unbekannten Genius oder Gott dieses Ortes auf. Sie wussten nicht, wer die Präsenz an diesem Ort war, aber sie fühlten, dass sie besser etwas dagegen tun und höflich sein und ihn begrüßen sollten. Also widmeten sie dem unsichtbaren Genie dieses Ortes einen Stein oder Altar. Das ist die primitive Höflichkeit gegenüber der Existenz des unsichtbaren Unbewussten.«

Jungs Schüler ließen sich davon inspirieren. So etwa der amerikanische Psychologe und Verfasser zahlreicher Bücher über Themen der Tiefenpsychologie, James Hillman. Hillman kam 1946 als Angehöriger der United States Army nach Frankfurt am Main, studierte zunächst an der Pariser Sorbonne, am Trinity College Dublin und an der Universität Zürich. Gleichzeitig absolvierte er die psychoanalytische Ausbildung am C. G. Jung-Institut, wo er bis 1969 als erster Studiendirektor arbeitete.

In Anlehnung an C.G. Jung und die alten Griechen und Römer glaubte auch Hillman, dass Orte eine Seele haben, dass sie von verschiedenen »Göttern« bewohnt sind und dass sie die Gedanken und Traditionen der Menschen aufnehmen, die dort seit Jahrhunderten oder Jahrtausenden leben.

Hillman unterstützte dementsprechend eine Architektur, die weit von einem »internationalen Stil« entfernt ist, der für ihn den lokalen Besonderheiten gegenüber gleichgültig ist. Wenn Häuser, Denkmäler und Städte einen positiven Beitrag zum Leben der darin lebenden Menschen leisten sollen, müssen sie die geheime Natur der Orte, an denen sie entstehen, respektieren und widerspiegeln, fand er. Die Seele der Orte, schrieb er, atmet zusammen mit der Seele der Welt und unserer Seele.

Für Jung und einige seiner Schüler, wie von Franz oder Hillman, stand ebenso wie für viele nicht-moderne Kulturen fest, dass die Welt nicht nur aus Materie besteht, und ihr Respekt vor dem Immateriellen schloss den »genius loci«, also den »Geist des Ortes«, ein.

Die Einschätzung Jungs und seiner Schüler erschien mir immer nachvollziehbarer, je mehr Orte ich mit dem Blick einer Historikerin untersucht habe und je öfter ich mir einen Überblick über die Schicksale mehrerer Generationen, die einen Ort genutzt hatten, verschafft hatte. Wenn ich einen Schluss aus all diesen Erfahrungen ziehen soll, dann könnte ich zum Beispiel sagen, dass sich mit der Natur in Einklang zu setzen auch in bisher bei weitem unterschätzem Maß bedeutet, sich mit der Natur, dem Wesen oder dem Geist eines Ortes in Einklang zu setzen.

In diesem komplexen, erweiterten Sinn interpretiere ich es, wenn die Naturwissenschaften zu dem Schluss kommen, dass Verbundenheit mit der Natur die Zeit verkürzt, die wir zur Heilung nach einer Krankheit brauchen, die Konzentration, Produktivität und die geistige Beweglichkeit erhöht und kognitive Funktionen verbessert, Altruismus und Großzügigkeit stimuliert, Perspektiven, Ziele und Lebenssinn schafft, Überzeugungen und Werte stärkt und Gefühle von Freiheit und Autonomie generiert, ebenso wie solche der Ruhe, des Friedens, der Freude, der Dankbarkeit, des Gleichgewichts, des Staunens, des Selbstwertgefühls und der Inspiration und dass wir, verbunden mit der Natur, besser in der Lage sind, unsere charakteristischen Züge auszudrücken und uns nicht durch den Einfluss anderer Menschen oder die Werte der Gesellschaft einschränken lassen.

Denn »Natur« besteht eben nicht nur aus Fauna und Flora, sondern wohl auch aus dem, was sie im Jungschen Sinn unsichtbar »beseelt«: Verbunden mit der Natur zu sein, bedeutet auch, den Ort wahrzunehmen, an dem wir uns aufhalten, seiner natürlichen Energie und ihr in dem, was wir dort tun, zu entsprechen. Es macht uns gesünder, glücklicher und selbstbewusster, es macht uns bei unseren Vorhaben erfolgreicher, alles hat dann die Tendenz zu funktionieren, unser ganzes Leben entwickelt sich besser.

Meine historisch-intuitive Methode zur Analyse von Orten, die ich auch dank des Einflusses von C.G. Jung entwickelte, präsentierte ich zum ersten Mal in einem größeren Rahmen im Jahr 2011 an der Universität Glasgow. Der Vortrag, den ich dabei hielt, findet sich leicht gekürzt und bearbeitet am Ende des Buches, samt den durchaus interessanten Reaktionen darauf. Kurz zusammengefasst: Die junge Generation der Wissenschaftler, die Studenten, standen dem viel offener gegenüber als die honorigen Professoren.

Der religiöse Glaube an das Beweisbare

Der um den Faktor Intuition bereicherte Zugang zur Wahrheit, den ich bei diesem Vortrag reklamierte, kam uns als Menschheit erst vor gar nicht allzu langer Zeit abhanden. Das geschah erst mit dem Aufkommen des Rationalismus, der uns diktierte, dass der Verstand und die Vernunft Basis jeglichen Wissens zu sein haben.

Verstand und Vernunft sind etwas Gutes, schließlich war der Glaube an sie die Grundlage der Aufklärung, die der Welt zu enormen Fortschritten in allen Bereichen verholfen hat. »Sapere aude!«, lautete ihr Aufruf. »Habe Mut, dich deines eigenen Verstandes zu bedienen!« Doch aus diesem Gedanken ist in den vergangenen Jahrzehnten etwas entstanden, das selbst beinahe wieder religiösen Charakter hat, eine Art Anbetung der reinen Wissenschaft, die vieles, das menschlich und für Menschen interessant und wichtig ist, grundsätzlich ausschließt.

Dies ist durchaus zu unserem Schaden, denn nicht alles, was an die Grenzen des wissenschaftlich Erklärbaren stößt, ist deshalb gleich esoterischer Schwachsinn. Nur weil wir für etwas noch keine rationale Erklärung gefunden haben, muss es nicht falsch sein, schon gar nicht, wenn es uns hilft, ein angenehmeres, befriedigenderes, erfolgreicheres und gesünderes Leben zu führen.

Wie lange mussten sich Menschen, die die wohltuende Wirkung von Waldspaziergängen und Baumumarmungen erkannt hatten, belächeln lassen? Sie hatten intuitiv und ohne fundierte wissenschaftliche Studien die Heilkraft der Natur gespürt und genutzt, und es dafür in Kauf genommen, als Freaks zu gelten.

Mittlerweile fanden etwa Wissenschaftler der amerikanischen Universität Michigan heraus, dass schon drei zehnminütige Spaziergänge pro Woche positive Effekte auf unsere Gesundheit haben. Im Jahr 2015 belegte der Umweltpsychologe Marc Berman an der Universität von Chicago, dass Menschen, die in Gegenden mit wenig Bäumen leben, anfälliger für Zivilisationskrankheiten wie Herz-Kreislauf-Schwäche, Bluthochdruck und Diabetes sind.

Die Freaks von einst vertrauten also einfach nur dem Weg, den ihnen ihre Intuition wies, und gingen dabei der Wissenschaft voraus.

Möglicherweise werden wir das eines Tages auch über die Menschen sagen, die jetzt schon auf ihre Intuition im Hinblick auf die Wirkung von Orten vertrauen und im Zweifelsfall Wasseradern meiden. Ich halte den Ansatz der Naturwissenschaften, dass nur existiert, was sie bewiesen haben, und dass etwas nicht existiert, solange sie es nicht bewiesen haben, im Übrigen nicht nur für borniert, sondern auch für riskant.

Dies vor allem aus statistischen Gründen, denn wie klug ist es, das eigene Haus an einem Ort zu errichten, von dem uns unsere Intuition, das Volkswissen und vielleicht auch noch die Überlieferungen der alten Griechen oder Römer sagen, dass er uns schaden wird? Wie klug ist es, das Risiko in Kauf zu nehmen, dass mit diesem Ort etwas nicht stimmt, auch wenn es wissenschaftlich (noch) nicht belegbar ist? Wie klug ist es, an das Dogma von der reinen Vernunft, das historisch betrachtet in mancher Hinsicht auch eine Mode-erscheinung ist, die eigene Gesundheit zu knüpfen?

Immerhin führt sich die Wissenschaft gerade selbst immer klarer vor Augen, dass auch sie letztendlich oft subjektiv bleibt. Der britische Biologe, Philosoph und Autor Rupert Sheldrake beschreibt das eindrucksvoll in seinem Buch *Der Wissenschaftswahn: Warum der Materialismus ausgedient hat*. Darin zeigt er etwa, dass der Glaube an die Existenz von Naturkonstanten wie der Lichtgeschwindigkeit eine Illusion sein könnte. Je nach Messung können die Ergebnisse anders ausfallen.

Sheldrake studierte erst in Cambridge Naturwissenschaften, dann in Harvard Philosophie. An der Universität Cambridge promovierte er in Biochemie, lehrte am dortigen Clare College und war dort Forschungsleiter für Biochemie und Zellbiologie. In seinem genannten Buch bedauert er den Glauben, dass die Wissenschaft die Natur in Wirklichkeit schon versteht und dass ihr für ein vollständiges Bild davon nur noch Details fehlen, und er kritisiert, dass Wissenschaft Dogmen folgt, die einer näheren Betrachtung nicht standhalten.

»Es besteht ein Zwiespalt innerhalb der Wissenschaft zwischen Wissenschaft als Forschungsmethode basierend auf Vernunft, Indizien, Hypothesen und gemeinschaftlicher Forschung und Wissenschaft als einer Weltanschauung«, schreibt er. »Und unglücklicherweise hat der weltanschauliche Aspekt begonnen, die Forschungsfreiheit zu behindern und einzuengen.«

Seit dem späten 19. Jahrhundert sei Wissenschaft von einem weltanschaulichen Standpunkt aus betrieben worden, der im Kern derjenige des philosophischen Materialismus sei, meint auch Sheldrake. Für einen der Irrtümer dieses philosophischen Materialismus hält er die wissenschaftliche Grundhypothese, dass alles Lebendige wie eine Maschine funktioniert. Er schreibt, dies sei ein Überbleibsel aus einer Zeit, bevor die Quantenphysik bekannt war.

Auch die Vorstellung, dass Materie bewusstlos sei und das ganze Universum aus Materie ohne Bewusstsein bestehe, hält er für einen Irrtum des philosophischen Materialismus. Die Vorstellung, Bewusstsein sei lediglich eine Funktion des menschlichen Gehirns, sei nichts weiter als ein Dogma, denn was Bewusstsein wirklich ist, woher es kommt oder wo es sitzt, konnte die Wissenschaft bisher nicht eingrenzen.

Dass Bewusstsein mehr als eine Funktion des menschlichen Gehirns ist, steht dagegen tatsächlich fest, seit sich am 7. Juli 2012 eine internationale Gruppe von Neurowissenschaftlern, Neurophysiologen, Neuroanatomen und anderen Wissenschaftlern, inklusive Stephen Hawking, an der Universität Cambridge traf und unmissverständlich festhielt, dass auch Tiere ein Bewusstsein haben.

Sheldrake hofft nun auf eine Zeit, in der die Wissenschaft sich von den derzeit dominierenden Dogmen befreit und »lebensbejahend« wird, sodass sich ihr neue Forschungsmöglichkeiten eröffnen. Wohl erst dann könnte sie, seiner

Meinung nach, auch das Dogma hinterfragen, dass die Natur sinnlos und die Evolution ein Prozess ohne Richtung ist, oder sich mit sogenannten übersinnlichen Phänomenen, wie Telepathie, befassen.

So etwa gäbe es viele dokumentierte Experimente, die Telepathie untersuchen, aber die Ergebnisse würden wissenschaftlich nie ernsthaft besprochen. Auch das Gefühl, beobachtet zu werden, sei eine verbreitete Erfahrung, die von der Wissenschaft weitgehend ignoriert wird, schreibt Sheldrake. »Dabei legen neueste experimentelle Forschungen nahe, dass dieses Gefühl real ist. Auch Tiere scheinen es zu kennen«, so der polarisierende Wissenschaftler.

Rupert Sheldrakes Hypothesen über die Wirkung von Orten

Für die Wirkung von Orten entwickelte Sheldrake eine Hypothese, die ebenfalls den Dogmen des philosophischen Materialismus widerspricht und die deshalb auch von der Wissenschaft nicht nur ignoriert, sondern teilweise auch bekämpft oder verhöhnt wird. Sie handelt von sogenannten morphischen Feldern, die seiner Meinung nach gleichsam an allen Orten bereits unsichtbar existieren und mit denen er die Ganzheitlichkeit sich selbst organisierender komplexer Systeme erklärt.

Sheldrake leitete aus seinen Beobachtungen kurz gesagt ab, dass solche Systeme nicht allein durch die Summe ihrer

Bestandteile oder deren Wechselwirkungen erklärbar sind. In seinem Gedankenmodell ordnen morphische Felder Atome, Moleküle, Kristalle, Zellen, Gewebe, Organe, Organismen, soziale Gemeinschaften, Ökosysteme, Planetensysteme, Sonnensysteme und Galaxien an. Mit anderen Worten: Sie ordnen Systeme auf allen Stufen der Komplexität und sind die Grundlage für die beobachtete Ganzheit der Natur. Die morphischen Felder wären demnach so etwas wie ein übergeordneter Bauplan von allem und jedem.

Sheldrake bezog sich in seiner Argumentation auf die Arbeit des Forschers William McDougall. Der Harvard-Professor untersuchte in den 1920er-Jahren die Fähigkeit von Ratten, aus Labyrinthen herauszufinden. McDougall beobachtete, dass Ratten, nachdem andere vor ihnen das Labyrinth verstanden hatten, schneller herausfanden. Zuerst brauchten die Ratten durchschnittlich 165 Fehlversuche, bevor sie den Weg ohne Fehler fanden, nach einigen Generationen waren es nur noch zwanzig.

McDougall hielt das für die Folge eines Evolutionsprozesses, doch Sheldrake sah darin den Hinweis auf die Existenz eines morphischen Feldes. Die ersten Ratten im Labyrinth schufen seiner Meinung nach Lernmuster innerhalb eines »Rattenfeldes«, auf das die Nachkommen dieser Ratten zurückgreifen konnten, selbst wenn sie nicht verwandt waren.

Ein anderes Beispiel fand er in der Chemie. Wird eine neue chemische Verbindung erstmals hergestellt, verläuft der Kristallisationsprozess langsam. Sobald andere Forscher das Experiment wiederholen, stellen sie fest, dass der Prozess schneller abläuft. Chemiker schreiben dies der gestiegenen Qualität späterer Experimente zu, da die dokumentierten Fehler der früheren Versuche nicht erneut begangen wurden. Sheldrake hingegen hielt dies für ein weiteres Beispiel morphogenetischer Felder. Die zuallererst gezüchteten Kristalle würden ein Feld erschaffen, auf das die Kristalle der später durchgeführten Experimente zurückgreifen könnten, meint er.

Ich kann als Historikerin nicht beurteilen, ob Sheldrakes Hypothese von der Existenz eines morphischen Feldes, die in der Geschichte übrigens auch schon in der Zeit vor ihm immer wieder so oder so ähnlich auftauchte, richtig, teilweise richtig, falsch oder sogar ganz und gar absurd ist. Menschen, die Intuition und wissenschaftliche Reflexion verbinden, können auch irren, so viel steht fest. Ich stimme mit Sheldrake aber darin überein, dass die Wissenschaft solche Modelle aus den falschen Gründen ablehnt oder ignoriert. Sie tut es nicht, weil sie eindeutig widerlegbar sind, sondern weil sie nicht zu ihrer Philosophie passen.

Würde die Wirkung von Orten, dieses Phänomen, dessen sich so viele Menschen überall auf der Welt und in allen Zeiten der Geschichte bewusst waren, zur herrschenden wissenschaftlichen Philosophie passen, würden wir längst alle anders wohnen und arbeiten, glaube ich, weil Architekten und Baumeister ganz selbstverständlich Regeln folgen würden, die im herrschenden wissenschaftlichen Mainstream als mehr oder weniger esoterisch gelten, die dann aber auch mit naturwissenschaftlicher Logik bereits belegt wären.

Das Haus an der Kurve

Wir begeben uns nun ins Flachland Italiens, in die Nähe eines verschlafenen Dorfes mit hübschen kleinen Häusern. Vor den meisten davon stehen Tische und Stühle. Die Straßen säumen Schalen aus Keramik. Darin wächst Basilikum, das der Luft das typisch südländische Aroma verleiht. Zwischen den oberen Stockwerken der Häuser sind von Fenster zu Fenster Wäscheleinen gespannt, an denen die frisch gewaschene Wäsche hängt. Wenn eine leichte Brise weht, sieht es aus, als würden die Blusen, Hemden und Hosen zwischen den Wolken tänzeln. Abends sitzen die Bewohner der Häuser draußen und trinken Prosecco aus der Region, Aperol und Campari, essen dazu Prosciutto und Mortadella mit Parmesanstückchen und Oliven, lachen über alte Anekdoten, klopfen einander auf die Oberschenkel und feiern das Leben. Hier gibt es ihn, den unverkennbaren italienischen Lebensstil. Hier herrscht an lauen Abenden la Dolce Vita.

Doch etwas hing drückend über der Leichtigkeit und Lebenslust der Dorfbewohner. Es hatte mit einer wenig befahrenen Bundesstraße zu tun. Vor der Ortseinfahrt macht sie eine Kurve. Es war nur eine leichte, übersichtliche Kurve, dennoch passierte es aus unerklärlichen Gründen immer wieder, dass selbst routinierteste Autofahrer an dieser Stelle geradeaus weiterfuhren. Viele stürzten mit ihren Fahrzeugen in einen Wasserlauf, der entlang der Straße verlief. Einige trugen schwere Verletzungen davon, andere starben. Die Dorfbewohner nannten diese Kurve die Todeskurve.

Genau dort wohnte ein Ehepaar in seinem Haus und die anderen Dorfbewohner bedauerten die beiden. Sie hätten es verstanden, wenn sie lieber weggezogen wären, aber so leicht war das nicht. Der Mann betrieb dort eine Auto-Werkstatt und die beiden hatten einiges Geld in die Liegenschaft investiert. Zu einem Zeitpunkt, als sie noch nicht wussten, wo sie da gelandet waren.

Als sie vor etwa zehn Jahren hierhergezogen waren, hatten sie nicht geahnt, dass die Gebäude so nah an einer Stelle lagen, an der Tod, Schmerz und Trauer ständig gegenwärtig waren. Vor allem in den Sommermonaten kam es regelmäßig vor, dass sie ins Freie laufen mussten, weil schon wieder ein Fahrer verunglückt war.

Dann wussten sie schon, was zu tun war. Alles lief automatisch ab. Die Frau rief die Rettung, während ihr Mann zum Auto eilte, um nachzusehen, wie groß der Schaden war und wie schwer die Insassen verletzt waren. Waren die Fahrer und Beifahrer ansprechbar, redete er ihnen gut zu: »Es kommt gleich Hilfe, halten Sie durch.«

Ständig waren die beiden in Alarmbereitschaft. Wenn sie einen Knall von draußen vernahmen, zog sich in ihnen alles zusammen. Nach einer Weile mussten die Geräusche nicht einmal mehr besonders laut sein, um in ihnen Unbehagen und Angst auszulösen. Viele Nächte lang wälzten sie sich im Bett und träumten schlecht. Irgendwann engagierten sie mich, damit ich mir die Sache ansah. Jemand hatte sie auf meine Arbeit aufmerksam gemacht und sie hofften, dass ich ihnen helfen könnte.

Noch mehr als sonst lag es mir am Herzen, den Fall zu lösen. Denn ich konnte sehen, was für einer psychischen Belastung das Ehepaar ausgesetzt war. Ich wollte ihnen helfen, damit sie wieder ruhig schlafen und ruhig leben konnten. Was war das Geheimnis dieser Kurve? Würde ich es entdecken? Und was wäre dann die Lösung?

Wie immer bei meiner Arbeit ging ich systemisch vor. Zunächst wollte ich wissen, seit wann an dieser Stelle so unverhältnismäßig viele Unfälle passierten. Ich fragte direkt bei der Gemeinde nach. Erfolglos. Niemand hatte dort genaue Zahlen. Auch die Polizei konnte mir nicht helfen und schickte mich ohne konkrete Informationen wieder fort. Ich musste mir also eine andere Herangehensweise überlegen.

»Das war schon immer so«, sagten die Hausbesitzer, »von Anfang an.«

»Was haben Sie hier alles verändert, seit Sie eingezogen sind?«, fragte ich, als ich mit den beiden bei Kaffee und Kuchen an ihrem Küchentisch saß.

»Nichts Großartiges«, beteuerte der Mann.

»Wir haben draußen im Garten Gras gesät und einige Bäume gepflanzt«, sagte seine Frau, »das war eigentlich alles.«

Mit Gras und Bäumen konnte das wiederkehrende Unheil nichts zu tun haben. »Was ist mit dem Zaun?«, fragte ich deshalb weiter.

»Stimmt, den haben wir errichtet«, erzählte die Frau.

Auch das half mir nicht wirklich weiter. »Darf ich mich im Garten noch mal umsehen?«, fragte ich.

Die beiden nickten. »Fühlen Sie sich wie Zuhause«, sagte der Mann. »Wenn wir Ihnen irgendwie weiterhelfen können, geben Sie uns bitte Bescheid.«

Wie eine Detektivin schlich ich einige Runden ums Haus. Es wurden sehr viele Runden. Ich ließ die Umgebung bis ins kleinste Detail auf mich wirken, um mir bestimmt nichts entgehen zu lassen. Dabei fiel mir etwas Merkwürdiges auf. Das Gras wuchs entlang eines schmalen Streifens in eine andere Richtung als der Rest des Rasens.

»Sehen Sie das hier?«, fragte ich die beiden, nachdem ich sie zu der Stelle geführt hatte. Ich bat sie, sich zu mir auf den Boden zu knien.

»Ja, tatsächlich!«, riefen sie aus. »Woran liegt das und was bedeutet das?«

»Ich vermute, dass hier früher einmal ein Fußweg verlaufen ist. Aber wo führte er hin?«

Wir folgten dem widerspenstig wachsenden Gras und kamen zum Wasserlauf. Von dort aus gesehen auf der anderen Seite der Straße stand eine kleine Kirche, die im Grundriss vielleicht 20 mal 15 Meter groß war. Sie stand unscheinbar zwischen wildwachsenden Bäumen, weshalb sie mir bisher noch gar nicht aufgefallen war.

Es gab keine Brücke mehr, doch ich war sicher, dass die Dorfbewohner früher hier zu dieser Kirche gegangen waren. Sie waren geradeaus durch den jetzigen Garten gegangen und wieder zurück. Irgendwann hatten Verkehrsplaner die Straße bauen lassen und damit die alte Struktur abgerissen und zerstört.

Dass die Menschen vielleicht hunderte Jahre lang dort geradeaus weitergegangen waren, wo die Straße jetzt eine Kurve machte, beschäftigte mich. Das Problem löste es aber auch nicht. Denn dass der Ort die Energie dieser Bewegung abgespeichert hatte und gleichsam unsichtbare Spurrillen oder andere unsichtbare Steuerungssysteme, wie in Sheldrakes morphischen Feldern, entstanden waren, die Autos beziehungsweise ihre Fahrer die alte Strecke entlang leiteten, hätte ich nicht ausgeschlossen, doch Thema eines professionellen Gutachtens über die Wirkung dieses Ortes konnte diese Möglichkeit natürlich nicht sein.

»Da fällt mir etwas ein«, sagte die Frau, als wir gemeinsam zur Kapelle hinüberblickten. »Ich weiß nicht, ob das wichtig ist, aber da war dieser Bildstock, den wir entfernen mussten, als wir den Zaun aufgestellt haben.«

»Ein Bildstock?«

»Ja, ein Pfeiler aus Stein, etwa mannshoch mit einem kleinen Dach oben drauf.«

»Mir gefiel der Bildstock nicht«, sagte der Mann.

»Ich fand ihn eigentlich ganz hübsch, nur war er leider im Weg«, sagte die Frau.

»Er hatte ein Dach, sagten Sie. Wie sah das aus? War es spitz?«

»Spitz und aus Holz«, sagte die Frau. »Ist das wichtig?«

Die beiden sahen mich ratlos an. Vielleicht zweifelten sie an meiner Vernunft. Schließlich ist mein Beruf nicht alltäglich und viele meiner Auftraggeber, besonders solche, die aus akuter Not handeln und mich noch nicht kennen, fragen sich, worauf sie sich da eigentlich eingelassen haben.

»Das ist tatsächlich wichtig«, sagte ich. »Dieser Bildstock ist bestimmt nicht zufällig an genau dieser Stelle gestanden.«

Viele Völker dieser Erde kannten und kennen derartige Steinskulpturen, auch »Marterln« oder »Schreine« genannt, und sie stehen nie zufällig an einer bestimmten Stelle. In Thailand zum Beispiel heißen sie San Phra Phum, zu Deutsch: Geisterhäuschen, und sie erfüllen einen klar definierten Zweck. Sie sollen Geister besänftigen.

Während wir Europäer des 21. Jahrhunderts als verrückt gelten, wenn wir an die Existenz von Geistern glauben, ist das in Thailand fest verankerter Teil der Kultur. Die Menschen in Thailand sind der festen Überzeugung, von vielen Geistern umgeben zu sein, und diese Geister wohnen in ihrer Vorstellung auch an bestimmten Orten. Deshalb können Menschen mit ihnen irrtümlich in Konflikt geraten. Wenn jemand ein Haus baut, nimmt er vielleicht einem Geist seinen Ort weg. Deshalb gibt es auch die Schreine. Dort können die Geister sich neu einrichten und müssen ihr Zuhause nicht mit den Menschen teilen.

Die Thailänder machen das nicht nur mit ihren Privathäusern. Praktisch jedes Gebäude hat so einen Schrein. Hotels gleichermaßen wie staatliche Institutionen, von Schulen angefangen bis zu Krankenhäusern. Auch an besonders markanten Orten, wie Höhlen, Felsen oder außergewöhnlichen Bäumen, sind sie anzutreffen, desgleichen auf Stadtmauern oder an besonders unfallträchtigen Straßenabschnitten.

Die Kommunen pflegen und schmücken ihre Geisterhäuschen mit beträchtlicher Mühe. Damit sich der Geist darin auch wirklich wohlfühlt, stellen manche Menschen sogar Miniaturmodelle von Fernsehern in die Schreine oder kleine Tänzerinnenfiguren zur Unterhaltung männlicher Geister. Manchmal gibt es für sie – neben den üblichen Opfergaben wie Früchten, Reis und Kuchen – sogar eine Runde Schnaps. Oder eine Dose Coca-Cola. Dies nicht des Inhalts, sondern der Farbe wegen. Rot, heißt es, sei die Lieblingsfarbe der Geister.

Der Aufwand ist nicht uneigennützig. Dem Geist obliegt schließlich die Aufgabe, als Gegenleistung für all den Aufwand, für all die Ehre, die man ihm zuteilwerden lässt, die in den Häusern lebenden Menschen zu achten und für ihr Wohlergehen zu sorgen. Damit dies auch wirklich gewährleistet ist, damit der Geist bleibt und nicht auszieht (was mit großem Unglück gleichzusetzen wäre), sind die Geisterhäuschen bisweilen sogar schöner gestaltet als die Wohnhäuser der Menschen.

Um die weitere Funktion dieser Bildstöcke und jener anderer Kulturen zu verstehen, spannen wir den Bogen weiter und zwar in das Land, in dem ich geboren wurde, das wunderschöne Italien. Die alten Römer stellten Pfeiler, die mit unseren heutigen Bildstöcken durchaus vergleichbar sind, als Grenzsteine auf. Doch neben dem Abstecken von Grenzen dürften diese Pfeiler immer auch den Sinn gehabt haben, die blockierte oder überschüssige Energie bestimmter Orte ins Lot zu bringen.

Ein Hinweis darauf ist, dass die spitzen, steinernen Pfeiler der Römer sehr oft auf Wasseradern stehen. Die Orte für ihre Grenzsteine beziehungsweise Pfeiler wählten die Römer also sehr bewusst. Dementsprechend war auch das Setzen so eines Grenzsteins kein simpler und technischer, sondern ein zutiefst religiöser Akt. Dabei musste immer auch ein Opfertier sein Leben lassen. Es wurde geschlachtet, verbrannt und seine Asche wurde, neben anderen Beigaben, in das Loch geschüttet, das für den Stein ausgehoben worden war.

Wer von da an Hand an so einen Stein legte, machte sich nicht nur im Sinne ziviler Gesetzgebung strafbar, sondern versündigte sich auch gegen die Götter. Die Römer waren überzeugt davon, dass jeder, der einen Grenzstein verrückte, den Zorn der Götter auf sich zog. Sie glaubten für diesen Fall an schlimme Strafen von oben in Form von todbringenden Krankheiten, Unwettern, Stürmen oder massiven Ernteausfällen.

Im Corpus Agrimensorum, einer Textsammlung für Landvermesser des Römischen Reiches, ist davon die Rede, niedergeschrieben als Prophezeiung der etruskischen Nymphe Vegoia, die in unmissverständlichen Worten davor warnt, Grenzsteine zu versetzen:

Aber wer an ihnen (...) rührt und sie verändert, um seinen Besitz zu erweitern und den der anderen zu schmälern, wird wegen seines

Vergehens von den Göttern bestraft werden. Wenn Sklaven es tun,
werden sie in noch härtere Sklaverei fallen; wenn der Herr dieses Ver-
gehen gutheißt, wird seine Familie erlöschen und sein ganzes Haus
untergehen (...). Diejenigen, die Grenzsteine versetzt haben, werden
von schlimmen Krankheiten und Wunden heimgesucht werden und
die Körperkraft verlieren; die Erde wird von häufigen Unwettern und
Stürmen, die sie erschüttern, verwüstet werden. Die Ernten werden
oft verderben und von Regen und Hagel zerstört werden. Viel Zwie-
tracht wird es im Volk geben. Wisse, dass solche Strafen kommen
werden, wenn du diese Verbrechen begehst.

Deshalb taten die alten Römer auch alles, um den Gott der
Grenzen, auch Terminus genannt, bei Laune zu halten, und
brachten ihm regelmäßig Blumen und Kuchen. Einmal im
Jahr, am 23. Februar, richteten sie ihm zu Ehren sogar ein
Fest aus, die Terminalia. Nachbarn kamen dann aus nah
und fern zusammen, um dem Gott der Grenzen zu huldi-
gen, ihm Opfer darzubringen und ihn mit gutem Essen zu
feiern.

Wenn jemand trotz allem so einen Grenzstein verrückte,
kamen die Römer den Göttern bei seiner Bestrafung mit aller aus ihrer Sicht gebotenen Grausamkeit zuvor. Sie erklär-
ten den Übeltäter als vogelfrei, was bedeutete, dass ihn jeder
straffrei töten durfte.

Abgesehen von den besonderen Punkten, an denen die
Grenzsteine standen, weist noch etwas darauf hin, dass die
düsteren Prophezeiungen und die schweren Strafen nicht
bloß vor Eigentumsdelikten abschrecken sollten: Die meis-

ten dieser Steine sind oben spitz, eventuell, um die überschüssige Energie von Orten besser zu verteilen, genau wie es auch der ursprüngliche Sinn unserer fast immer spitzen Kirchtürme gewesen sein könnte. Die Römer könnten also ernsthaft in Sorge gewesen sein, dass mit dem Versetzen der Steine unerwünschte Energien frei werden und die Energie eines Ortes gestört sein könnte.

Wie real diese Gefahr ist, zeigte sich auch in der Geschichte von der Marienstatue in Mariazell, die im Zuge von Renovierungsarbeiten ihren Platz wechseln musste. Doch zurück zum Haus an der Kurve.

»Wo ist der Bildstock jetzt?«, fragte ich die freundlichen Eheleute, die mit den Autounfällen in ihrem Garten so viel Leid erlebten.

Die beiden wussten es nicht. Sie hatten ihn damals abholen lassen, ohne klaren Auftrag, was damit zu geschehen hätte.

»Ich suche ihn«, sagte ich und erklärte ihnen, dass er wahrscheinlich dort gestanden war, um die Energie einer unterirdischen Wasserader abzuleiten.

Ich erkundigte mich bei der Gemeinde, doch dort hatte man keine Ahnung. Ich suchte Schutthalden ab und sah auf dem Friedhof nach, weil jemand einen Grabstein aus dem Bildstock gemacht haben könnte. Alles vergeblich.

»Ist das ein Problem?«, fragten mich die beiden.

»Eigentlich nicht«, sagte ich. »Es geht ja nicht darum, welcher spitze Stein dort steht, sondern nur darum, dass überhaupt einer dort steht.«

Wir fuhren gemeinsam zu einem Steinmetz in der Nähe. Er sollte eine Skulptur für uns entwickeln, die zwei Parameter erfüllen musste. Sie sollte etwa mannshoch und oben spitz sein.

Während der Steinmetz arbeitete, suchten und fanden wir die Stelle, an der der Bildstock gestanden war, und genau dort ließen wir nun die moderne Skulptur aufstellen. Wir hatten dabei alle drei das Gefühl, eine von der Natur gegebene und einst vom Menschen als Teil der Natur mitgestaltete Ordnung wiederherzustellen, und wir taten es mit einer gewissen Andacht, aber auch mit einer gewissen Spannung. Würde das wirklich funktionieren? Würde sich unsere Mühe lohnen? Uns war klar, dass wir das erst nach einigen Jahren sagen können würden.

Inzwischen sind einige Jahre vergangen und ich stehe noch immer in Kontakt mit dem Ehepaar. Zuletzt, als ich nachfragte, ob ich die Geschichte von dem Weg vom Ort zu der kleinen Kirche, der früher einmal durch ihren Garten und vorbei an einem Bildstock führte, in diesem Buch erzählen darf. Schließlich sind diese Dinge heikel. Ich habe mir dieselben Verschwiegenheitsverpflichtungen auferlegt, die auch Ärzte oder Anwälte haben. Bei fast allen Fällen geht es letztendlich auf sehr persönliche Weise um Menschen, um ihre Schicksale und um ihr Befinden.

Sie gaben mir ihr Einverständnis und brachten mich auf den neuesten Stand, was das Unfallgeschehen in der Kurve betraf. Die Unfälle waren seit unserer Intervention viel seltener geworden und es hatte keinen einzigen tödlichen mehr gegeben. Ihre Erinnerung an den Tod, den Schmerz und das Leid in ihrem Garten war noch da, aber sie verblasste wieder.

Es gibt übrigens auch naturwissenschaftliche Überlegungen und Forschungsergebnisse, die das Unfallgeschehen in der betreffenden Kurve erklären könnten. Es könnte mit der menschlichen Sensibilität für Hyperschall zu tun haben.

Eine Studie rund um Solco Walle Tromp, den damaligen Ordinarius an der Fouad Universität in Kairo, Professor für Geologie und Gründer der Internationalen Gesellschaft für Meteorologie, legte nahe, dass Wasseradern starke Schwingungen erzeugen können, die sich an der Erdoberfläche nachweisen lassen. Bewegt sich eine Person mit hoher Geschwindigkeit über so ein Energiefeld, löst das im Körper demnach quasi aus dem Nichts unkontrollierbare motorische Reaktionen der Unterarme, in der Medizin als Pronationsreflex bekannt, aus. Die betreffende Person kann diese Auswirkungen weder steuern noch stoppen.

Dennoch: Es kann auch einfach Zufall gewesen sein. Vielleicht häuften sich die Unfälle zufällig in der Zeit, bevor wir die Skulptur aufstellten, und vielleicht gab es danach zufällig weniger Unfälle und zufällig keine tödlichen mehr. Es gibt jedenfalls keinen wissenschaftlichen Beweis dafür, dass diese mannshohe, spitze Skulptur etwas damit zu tun hat. Dennoch scheint sie eine neue Harmonie an den Ort gebracht zu haben, die möglicherweise schon Leben gerettet hatte.

Das Mysterium der S16 und der A7

*Wenn es um Leben und Tod geht, sind auch öffentliche Stellen bereit,
die Grenzen des Beweisbaren zu überschreiten. Weshalb es bei
Unfallhäufungsstellen immer wieder Experimente zu deren Behebung gab, mit teils skurrilen, oft aber auch interessanten Ergebnissen.*

Eine ähnliche Begebenheit ereignete sich 2006 im österreichischen Vorarlberg. An einer bestimmten Stelle der S16, der Arlberger Schnellstraße, kurz vor Bludenz häuften sich die Unfälle. Autofahrer rasten hier direkt in den Gegenverkehr. Die Polizei fand meist weder Bremsspuren noch plausible Gründe für das menschliche Versagen.

Die österreichische Straßenbaugesellschaft Asfinag tat etwas, was angesichts des öffentlichen Umgangs mit dem Wissen beziehungsweise den Vermutungen über die Wirkung von Orten ungewöhnlich war. Sie wandte sich an einen Pendler. Er hieß Gerhard Pirchl und sollte der Sache auf den Grund gehen.

Pirchl hatte aus Sicht der Asfinag offenbar ein ausreichendes Renommee, um diesen Schritt zu rechtfertigen. Er hatte auf sich aufmerksam gemacht, als er vier Jahre zuvor in Vorarlberg eine prähistorische Kultstätte entdeckte.

»Im Jahr 2002 fand ich (...) im Gebiet Bürs, Bürserberg zahlreiche Adernsterne und die ersten Steinkreise«, schrieb er darüber selbst. »Adernsterne sind Kreuzungen von Adern, bei denen sich bis zu 56 Adern auf einem Punkt kreuzen. Praktisch alle alten Kultstätten und Kirchen sind auf solchen Adernsternen erstellt.« Die Strahlung, die von diesem Ort ausging, beschrieb Pirchl als »sehr intensiv«. Er sagte, dass sie mit einem Pendel selbst noch in 20 Kilometer Entfernung wahrnehmbar sei.

Pirchl stieß damals, 2002, auf Felsblöcke, die um diese Stelle kreisförmig angeordnet waren. Mit Unterstützung der Gemeinde Bürserberg stellte er diese Steine wieder auf, um etwas erlebbar zu machen, wovon schon unsere Ahnen profitierten: Intensive Energie, die sich vom Erdinneren ausgehend in unseren Körpern manifestiert.

Unsere Ahnen nutzten Orte wie diese manchmal als Kraftplätze, um ihre Energiereserven aufzuladen und Heilungsprozesse in Gang zu setzen. Sogar ein Forscherteam, bestehend aus Herzchirurgen, Astronomen, Mythenforschern, Historikern, professionellen Rutengängern und Messtechnikern, tagte vor Ort, um sich von der positiven Wirkung des Steinkreises auf den Organismus zu überzeugen.

Nun widmete sich Pirchl im Asfinag-Auftrag dem Projekt »gefährlicher Streckenabschnitt der S16«. Über dieses doch eher außergewöhnliche Unterfangen berichtete sogar das renommierte deutsche Wochenblatt *Die Zeit*. »Bei Tempo 140, vorn ein Lastwagen, rechts und links Alpen, fummelt Gerhard Pirchl eine rote Plastikkugel an einem dünnen Faden aus der Hosentasche«, hieß es darin. »Den Ellbogen auf die Armlehne seines Geländewagens gestützt, lässt er das Pendel über der Mittelkonsole baumeln.«

Der Journalist beschreibt weiter, wie Pirchl überhaupt zum Pendeln gekommen sei. In einem Urlaub auf Sizilien hatte er es zum ersten Mal ausprobiert. Einfach so, aus Neugier und Spaß. Er hatte an ein Taschenmesser, das er zufällig dabeihatte, einen Faden gebunden und war damit durch einen Tempel gegangen. Dieses selbstgemachte Pendel hatte ohne sein Zutun ausgeschlagen und seitdem war er fasziniert von den Schwingungen, die aus dem Erdinneren kamen.

Der Artikel erzählt, wie Pirchl jeden Winkel der Unfallgegend mit seinem Pendel genauestens analysierte und währenddessen immer wieder Bemerkungen wie »ein hochinteressantes Kraftfeld« fallen ließ.

Monatelang spürte er auf diese Weise Störfelder auf und vergrub kniend Steine am Straßenrand, um die negativen Energieflüsse zu unterbinden beziehungsweise umzuleiten. Die Ursache für die negativen Schwingungen schrieb er allerdings nicht Wasseradern zu, sondern energieaussendenden Steinen, die klein wie Kartoffeln seien.

Hunderte bis Tausende Jahre vor Christus hätten Kulturvölker sie verlegt, um Wanderern und Seefahrern dadurch eine Orientierungshilfe zu bieten, so Pirchls Theorie. Sie funktionierten wie ein Kompass. Pirchl nannte diese Steine sogar »das GPS unserer Vorfahren«. Er war überzeugt von der Kraft, die sie auf den menschlichen Organismus ausüben. In Kombination mit den vielen Impulsen, denen wir heute ausgesetzt seien, sei ihre Wirkung zu stark für uns. Deshalb würden viele Menschen Blackout-ähnliche Zustände erleiden, wenn sie solche Stellen passierten, zumal wenn sie es mit höherer Geschwindigkeit taten.

Pirchls Kartoffel-Stein-Theorie ist aus historischer Sicht fragwürdig. So etwa bleibt unklar, warum unsere Vorfahren ihre Orientierungshilfen vergraben hatten, anstatt sie einfach quasi mit dem Hinweis »Hier geht's lang!« aufzustellen. Die Annahme, dass auch an der S16 unterirdische Wasseradern für Chaos an der Erdoberfläche gesorgt hatten, erscheint mir plausibler.

Mehrere Monate nachdem Pirchl andere Steine vergraben hatte, um so die störenden Energieströme abzuleiten, zog die Asfinag eine positive Bilanz. »Nach der Entstörung kam es lediglich zu einem leichten Unfall, obwohl in den vergangenen zehn Jahren dort insgesamt 33 Tote und mehr als 100 Unfälle zu verzeichnen waren«, erklärte sie in einer offiziellen Stellungnahme.

Die tatsächliche Zahl der Unfälle blieb allerdings unklar, denn die örtliche Polizei registrierte nicht bloß einen Unfall mit nur leicht Verletzten, sondern 19 Unfälle mit drei Schwerverletzten. Tote hatte es keine mehr gegeben, das stand fest. Doch diese Verbesserung der Unfallstatistik konnte auch mit den Warnschildern zu tun haben, die inzwischen entlang der gefährlichen Strecke standen.

Von einer merkwürdigen Häufung von Unfällen wird auch in Schweden berichtet. Dort kam es auf einer schnurgeraden, von Alleebäumen bestandenen Überlandstraße über Jahre hinweg zu einer Reihe schwerer Kollisionen mit Toten und Verletzten.

Wer Schweden schon einmal bereist hat, weiß, wie erstaunlich diszipliniert sich die Menschen auf den Straßen verhalten. Während bei uns oft fast schon Kriegszustände herrschen, überschreitet in Schweden so gut wie niemand die Tempolimits. Das Verhalten im Straßenverkehr kann dort als rücksichtsvoll und die Atmosphäre fast schon als gemütlich bezeichnet werden. So hatte auch im konkreten Fall kein einziger Unfalllenker das vorgeschriebene Limit überschritten, das ergaben die Nachforschungen der Polizei. Dennoch waren da diese vielen schweren Unfälle an fast immer derselben Stelle. Warum nur?

Irgendwann kam auch bei den Verantwortlichen in Schweden der Gedanke an Wasseradern oder andere Störzonen auf. Bis sich ein Phänomen als Unfallursache herausstellte, das wir zum Beispiel auch von einigen Todesstrecken aus Brandenburg und Mecklenburg-Vorpommern kennen: der Stroboskop-Effekt.

Der rasante Licht-Schatten-Wechsel, wenn die Sonne in einer ganz bestimmten Höhe am Firmament steht und ihre Strahlen in die Baumreihen fallen. Dabei handelt es sich jedoch nicht um den klassischen Blendeffekt, wenn wir plötzlich durch grelles Gegenlicht nichts mehr sehen. Der Stroboskop-Effekt führt vielmehr dazu, dass die Konzentration am Lenkrad massiv eingeschränkt wird, vergleichbar mit einem Trancezustand.

Von deutschen Unfallstellen mit Stroboskop-Effekt weiß man, dass in Alleen aus Prinzip viel zu schnell gefahren wird. Was rein logisch nicht nachvollziehbar, aber belegt ist. Das wirklich Außergewöhnliche an der Unfallserie in Schweden war, dass sich die Unfälle dort bloß ereigneten, weil die Menschen so diszipliniert fuhren. Untersuchungen brachten ans Licht, dass der gefürchtete Effekt sich genau bei Erreichen der erlaubten Höchstgeschwindigkeit einstellt, darunter nicht und darüber auch nicht.

Wir sehen: Immer wieder kommt es zu rätselhaften Begebenheiten, die erst nach eingehender Untersuchung unter Einbeziehung aller Faktoren, und seien sie noch so unwahrscheinlich, geklärt werden können. Oft genug jedoch ist es aber wie in den zuvor genannten Beispielen tatsächlich so, dass die Wahrheit jenseits dessen liegt, was wir mit unseren Methoden und Denkmodellen bisher belegen können.

Kehren wir damit zurück zum Pendler Pirchl. Ähnlich wie andere seiner Zunft polarisierte auch er. Manche feierten ihn als Pionier und Held, anderen nannten ihn einen Betrüger und hielten es für Geldverschwendung, ihn zu beauftragen.

Kastanien und Interferenzsender

Fest steht trotz aller Unklarheiten, dass an der betreffenden Stelle seit Pirchls Intervention die Unfälle weniger geworden sind, dass das Mysterium an der S16 nicht das einzige seiner Art ist und dass öffentliche Stellen gerade in solchen Fällen, bei denen es um die Rettung von Menschenleben geht, bereit sind, über die Grenzen der logischen Wissenschaften hinauszugehen. Wobei die Wirkung solcher Inter-

ventionen, wie im Fall der S16, meist schwer dokumentier-
bar bleibt.

So erhielt auch der Pendler Heinrich Hartmann bereits
im Jahr 1986 den Auftrag, einen Abschnitt der A7 auf der
Höhe Großburgwedel im Kreis Hannover zu analysieren. Es
handelt sich um einen Straßenteil ohne Kurven und andere
Hindernisse. Trotzdem ereigneten sich dort in fünf Jahren
72 Unfälle. Dieter Milark, damals Leiter des zuständigen
Straßenbauamtes, nannte das zu Recht »seltsam«.

Auch deshalb, weil die betroffenen Autofahrer in den
Protokollen angaben, sich kurz vor dem Unfall plötzlich unwohl gefühlt zu haben. Sie klagten über Schwindelgefühle
und Kreislaufversagen. Noch seltsamer war die Tatsache,
dass keiner von ihnen das vorgegebene Tempolimit überschritten hatte.

Auch an der betreffenden Stelle der A7 ließ das Straßenbauamt zunächst Warnschilder aufstellen. Sie verbesserten
die Situation allerdings nicht. Die Beamten setzten dementsprechend große Hoffnungen in Hartmann, als er seine
Dienste kostenlos anbot. Immerhin konnte der 83-Jährige
seine Herangehensweise an das Problem mit dem wissenschaftlichen Text eines Professors und Diplom-Ingenieurs
aus Süddeutschland über ungeklärte schwere Autounfälle
untermauern.

In diesem Text war davon die Rede, dass atomare Zer-
fallsvorgänge in der Erdkruste einen Zusammenbruch des
Nervensystems bewirken können. Dies geschieht, weil
unterirdische Wasserläufe die dabei entstehenden Strahlen

aufnehmen und an die Erdoberfläche weiterleiten können. Für unseren Körper ist die Energie dieser Strahlen zu stark, hieß es in dem Text, er kann damit nicht umgehen und kollabiert.

Hartmann bot dem Straßenbauamt an, mit sogenannten Interferenzsendern zu arbeiten, also quasi Schwingungen mit anderen Schwingungen zu überlagern und sie damit zu neutralisieren und für den menschlichen Organismus unschädlich zu machen.

Der ADAC verteilte indessen am Parkplatz vor der gefährlichen Strecke Säcke mit Kastanien und forderte die Autofahrer auf, sie unter den Fahrersitz zu legen, um sich vor den Strahlen zu schützen. Das war für einen Autofahrerclub ebenfalls eine ungewöhnliche Intervention, zumal sie auf bloßem und wissenschaftlich unbestätigtem Volksglauben basierte.

Der Volksglaube besagt, dass Kastanienholz und Kastanien negative Energien aufsaugen. Wissenschaftlich erwiesen ist auch das nicht und es hat dazu bisher niemand Untersuchungen angestellt. Es lässt sich deshalb leicht als Aberglaube abtun. Allerdings schworen unsere Vorfahren darauf. Sie zogen Kastanienholz in Blindböden ein, um ihre Häuser vor Störzonen zu schützen.

In der oberösterreichischen Gemeinde Klaus stellt eine Familie seit mehr als 25 Jahren Rosskastanien-Matten her. Ihre Kunden sollen diese Matten unter ihren Betten ausrollen. Die Familie ist von ihrem Produkt so überzeugt, dass sie ihren Kunden die Matte zunächst drei Monate kostenlos zur Verfügung stellt. Ihren Angaben zufolge tritt in etwa 85 Prozent der Fälle innerhalb dieser Zeit eine Verbesserung des Schlafes ein.

Neben dem wissenschaftlichen Text, dessen Inhalt für die Beamten nachvollziehbar klang, sprachen auch seine Referenzen für Hartmann. Er wirkte zu diesem Zeitpunkt bereits seit Jahrzehnten als Rutengänger und hatte mehrfach Störfelder behoben, auch solche, die in Zusammenhang mit Unfallhäufungsstellen gebracht wurden.

Die von Hartmann empfohlenen Interferenzsender wirken aus heutiger Sicht dubios. Wir sind hier in einem Bereich, den viele Menschen als para- und pseudowissenschaftlich, als esoterisch und verschwörungstheoretisch ablehnen und das oft zu Recht. Doch diese Sender hatten noch einen zweiten Nachteil. Nach einem Jahr kostenloser Nutzung forderte die Herstellerfirma Geld. Die Investition wäre damit ziemlich teuer geworden. Das Straßenbauamt musste das Projekt deshalb vorzeitig beenden.

Das Fazit der Beamten war positiv, doch einen klaren Beweis für eine positive Wirkung der Intervention blieben auch sie schuldig. »Ohne diese Sender hätte es vielleicht noch mehr Unfälle gegeben«, hieß es in einer offiziellen Stellungnahme dazu lediglich.

Derartige Fälle zeigen jedenfalls, wie wichtig es wäre, dass sich die Wissenschaft mit solchen Störfeldern befasst. Menschen in bestimmten Straßenabschnitten sterben zu lassen, weil sich Forscher zu gut für das Thema sind oder Angst haben müssen, ihren guten Ruf dabei zu verlieren, ist leichtfertig und borniert.

Klarerweise lassen sich aus den Erfahrungen einzelner Akteure, wie Hartmann oder Pirchl, höchstens Eindrücke gewinnen, objektiviert müssten sie mit systematischen Studien werden. Es sieht leider so aus, als wäre die Zeit noch nicht reif dafür.

Kein Ort ohne Geist

Es scheint eine unaufhörliche Wechselwirkung zwischen uns und den Orten, an denen wir uns aufhalten, zu geben. Sie war immer schon Teil des Menschheitswissens. Sie bewirkt zum Beispiel, dass uns Reisen nicht nur gefühlt verändert.

Wie bei dem Fall mit dem Haus in der Kurve versuche ich generell bei meinen Recherchen über die Wirkung eines Ortes immer auch zu berücksichtigen, was unsere Vorfahren über diese Phänomene wussten oder zumindest dachten. Ich versuche also Wissen zu berücksichtigen, das sich oft über Jahrhunderte oder sogar Jahrtausende gehalten hat und erst in unserer Zeit, in der Rationalität und logische Nachvollziehbarkeit über allem steht, verlorengegangen ist.

In der Vielfalt an para- und pseudowissenschaftlichen Informationen zu diesem Thema bieten mir die Einschätzungen unserer Ahnen, wie etwa jene von Hippokrates von Kos, wenn schon nicht naturwissenschaftlich, so doch zumindest geisteswissenschaftlich abgesicherte Anhaltspunkte. Mag sein, dass die alten Überlieferungen nicht immer genau den Punkt treffen, und um wissenschaftliche Plausibilität haben sich unsere Ahnen ohnedies nicht gekümmert, doch ich bin gerne bereit zu glauben, dass es seinerzeit gute Gründe für das Entstehen dieses Wissens gab.

Eine der grundlegenden Einschätzungen unserer Vorfahren dabei lässt sich in vier lateinische Worten fassen: Nullus locus sine genius. Sie stammen ursprünglich von Maurus

Servius Honoratus, einem spätantiken römischen Philologen, Grammatiker und Vergil-Kommentator, und sie bedeuten in der deutschen Übersetzung dies: Kein Ort ohne Geist.

Maurus Servius Honoratus prägte damit maßgeblich den Begriff des genius loci (zu Deutsch: Geist des Ortes). Seine Kernaussage lautete: Jeder Ort besitzt eine Seele und bestimmte Eigenschaften. Beides prägt die Persönlichkeit der Menschen, die dort verweilen. Wir sind demnach andere Menschen, wenn wir in Wien sind, in New York, Barcelona oder in der Toskana. In der Wüste können wir uns als reflektierte Menschen selbst, bis ganz tief hinein in unsere Persönlichkeit, anders erleben als in den Bergen oder an einem See.

Das könnte einer der Gründe dafür sein, weshalb wir so gerne reisen. Wir entdecken andere Seiten an uns, wenn wir uns eine Weile an fremden, uns unbekannten Orten niederlassen. An bestimmten Orten sind wir uns selbst näher als an anderen. Durch einen Ortswechsel können wir bisweilen Dinge erkennen, die uns bis dahin verborgen blieben, auch ganz wesentliche, wie den Sinn unseres Lebens.

Das stellt zum Beispiel Pilgerreisen in einem neuen Licht dar, aber auch den gesamten Tourismus, der vielleicht unbewusst zum Teil von diesem uns innewohnenden Bedürfnis nach Erkenntnis unser selbst geprägt ist. Wer sich mit der Banalität der Reiseindustrie befasst hat, mag diesen Gedanken romantisch oder vielleicht sogar naiv finden. Für mich steht dennoch unverrückbar fest: Reisen machen über Abenteuer, Abwechslung und neue Fotos für unsere Social-Media-Accounts hinaus etwas mit uns. Selbst mit jenen Menschen, denen das egal ist.

Die heilende Kraft eines Lieblingsortes

Die Reise, die mich selbst am stärksten geprägt hat, führte mich nach Eremo delle Carceri, einem kleinen Klosterbau in einer Waldschlucht am mittelitalienischen Monte Subasio in Umbrien. Ich war damals Mitte zwanzig und mich beschäftigte, wie üblich in dieser Altersgruppe, die eine große Frage: Was mache ich mit meinem Leben?

Ich fühlte einen intensiven Umbruch und alle möglichen Zweifel in mir. Ich war mir plötzlich nicht einmal mehr sicher, ob ich meine Ambitionen als Historikerin weiterverfolgen sollte, die für mich von Kind an so etwas wie meine natürliche Lebensperspektive gewesen waren.

Denn nach meiner kindlichen Begeisterung für alte Geschichten und nach Abschluss meines Geschichtsstudiums war ich mittlerweile in der Realität angekommen. Die Stellenangebote für Historiker zu jener Zeit waren überschaubar und die Aussichten, ich könnte mein Leben mit Forschung im Bereich Geschichtswissenschaften finanzieren, mehr als gering.

Dann gelangte ich nach Eremo delle Carceri, wohin sich Franz von Assisi im 13. Jahrhundert gerne zurückzog, wenn er sich nach Stille sehnte. Nach einigen Tagen Aufenthalt dort spürte ich, wie der Stress, den ich in mir trug, allmählich von mir abfiel. Ich fühlte mich mir näher als sonst, auf eine unaufgeregte Weise, und ich bemerkte, was für gute Gefühle es in mir auslöste, in diesem mittelalterlichen Ambiente spazieren zu gehen. Das machte mir klar: Geschichte ist mein Weg. Sie ist der Weg, den ich weitergehen will. Ich war nun bereit, mich den Herausforderungen zu stellen, die dieser Entschluss nach sich zog.

Ausgedehnte Reisen zu unternehmen, um die eigene Mitte zu finden, die eigenen Aufgaben fürs Leben zu definieren und hinterher zu erfüllen, war besonders in der Zeitspanne zwischen Renaissance und Französischer Revolution gängige Praxis. Die Gesellschaften und ihre Menschen trugen diese Idee in sich, der Gedanke war kulturell stark verankert.

So hat sich damals aus der Idee des genius loci Le Grand Tour entwickelt. Es handelte sich dabei um große Rundfahrten durch Europa, die hauptsächlich Adelige aus dem Vereinigten Königreich, Skandinavien oder Nordamerika machten. Machen konnten, denn diese Reisen waren naturgemäß mit hohen Kosten verbunden, die der Durchschnitt der Bevölkerung nicht aufbringen konnte.

Die aristokratischen Familien jener Epoche schickten auch gerne ihre Söhne, wenn sie zwischen 16 und 21 Jahre alt waren, auf Bildungsreisen, die bis zu drei Jahre lang dauern konnten. Beliebte Ziele waren Italien, Frankreich, die Schweiz, Deutschland und auch Österreich. Das Bereisen fremder Länder gehörte zum guten Ton, es galt als krönender Abschluss adeliger Standesbildung.

Die Aufgabe der jungen Menschen bestand dabei nicht nur darin, durch ihre Erfahrungen mutiger zu werden, zu lernen, schnelle Entscheidungen zu treffen, ihre Sitten und Manieren zu festigen und internationale Anstandsregeln zu verinnerlichen. Sie sollten sich dabei von den Orten, die sie besuchten, gewissermaßen infizieren lassen, ihre Seelen inhalieren und ihre Ursprünglichkeit spüren. Letztendlich ging es um nichts Geringeres als um Persönlichkeitsentwicklung.

Auch Künstler und Intellektuelle unternahmen gerne Reisen, ebenfalls immer mit der Haltung, fremde Orte würden Qualitäten in ihnen wecken, die ihnen bis dahin verborgen geblieben waren. So reiste Johann Wolfang von Goethe im Alter von 37 Jahren zwei Jahre lang durch Italien. Er machte Notizen für sein zweibändiges autobiografisches Werk Die italienische Reise, das erst rund 30 Jahre später erschien.

In dem wissenschaftlichen Werk *Goethe: Leben, Werk und Wirkung in tiefenpsychologischer Sicht* von Josef Rattner heißt es: »Alle Goethe-Biografen und Goethe-Forscher sind sich einig darüber, dass die italienische Reise im Leben Goethes einen wichtigen Einschnitt und Wendepunkt darstellte. Man geht davon aus, dass sie die Reaktion auf eine große Krise war, von der Goethe selbst sagte, dass sie ihn zerstören hätte können. In Italien fand der Dichter in erhöhtem Maß zu sich selbst. Als er nach Weimar zurückkehrte, war er verändert, sodass seine früheren Beziehungspersonen vor einem Rätsel standen.«

Das alles handelt die Goethe-Literatur tausendfach ab, jedes Detail von Goethes Reise kam ans Licht und ist ausgewertet. Bis heute gibt es Reisende, die seinen Spuren durch Italien folgen.

Doch es macht nicht jeder Ort mit jedem Menschen das Gleiche. Wenn wir reisen, sollten wir uns deshalb selbst beobachten. Welche Emotionen und Gefühle löst ein Ort in uns aus? Genießen wir in der Wüste ihre Weite oder macht es uns panisch, dass sie so karg ist?

Wenn wir lernen, diese Eindrücke einzuordnen, kommen wir dem, was der genius loci mit uns macht, schon etwas näher. Welcher ist unser Lieblingsort? An welchen Platz der Erde zieht es uns immer wieder? Wo ergibt für uns alles einen Sinn und wo tanken wir in schweren Zeiten wieder Kraft? Ein Ort, den wir lieben oder auch hassen, kann etwas so Banales wie eine Golfanlage sein, oder eine Bibliothek, ein Seeufer, ebenso gut der Times Square in New York.

Ich selbst habe meinen Lieblingsort. Er ist nur über einen Fußweg zu erreichen, der ein Stück weit durch die grüne Natur führt. Der Weg ist gesäumt von vielen alten Bäumen. Er führt an einem winzigen See mit einem Wasserfall vorbei zu einer kleinen Kirche des Templerordens, die in einen Felsen gehauen ist. Die steinernen Wände der Kirche sind voller gemeißelter Muster und Ornamente. Die Kirche und ihr Altar sind mit Moos bewachsen.

Immer wenn ich diese Kirche betrete, überkommt mich eine innere Ruhe. Es riecht darin nach feuchter Erde, wie eine grüne Wiese nach einem Gewitter. Mein Puls verlangsamt sich, meine Atmung wird gelassener und mein Kopf wird frei. Dieser verborgene Ort ist für mich aber auch mit Erinnerungen an einen guten Freund verbunden, der bereits verstorben ist. Er hat mir einst davon erzählt und mir den Weg dorthin beschrieben. Ich habe noch immer den kleinen Zettel, auf dem er mir die Route aufgezeichnet hatte.

Unsere Lieblingsorte entwickeln nicht nur dann ihre Wirkung auf uns, wenn wir uns dort aufhalten. Es reicht schon, wenn wir an sie denken. Das wies der Neurowissenschaftler Bertram Opitz nach, als er im Jahr 2019 zusammen mit seinem Team eine umfassende Studie unter dem Titel »Orte, die uns prägen« durchführte. Er und seine Kollegen zeigten zwanzig Probanden in zufälliger Reihenfolge je drei Bilder, darunter solche von persönlichen Lieblingsorten und gewöhnlichen Orten.

Dabei zeigte sich, dass der Anblick ihrer Lieblingsorte die sogenannte Amygdala der Probanden aktivierte. Die Amygdala ist im Hirn für die schnelle, automatische und unbewusste Verarbeitung von Emotionen zuständig. Es macht also Sinn, dass wir, sollte zum Beispiel der Markusplatz in Venedig unser Lieblingsort sein, ein Magnetbild davon an unsere Kühlschranktür heften.

Doch es gibt auch Orte, die negative Empfindungen in uns auslösen. So kann es sein, dass unsere Seele nicht heilen kann, weil wir immer wieder an einen Platz zurückkehren, der für uns mit einem Trauma oder einer schlechten

Erinnerung verbunden ist. Schon wenn ein Ort bloße Ähnlichkeiten mit jenem aufweist, an dem uns Unangenehmes widerfahren ist, kann das Unbehagen in uns auslösen.

Wenn wir also eine unangenehme Sache über lange Zeit mit uns herumschleppen, kann es daran liegen, dass uns die Umgebung, in der wir uns oft aufhalten, daran hindert, ein bestimmtes Erlebnis loszulassen. Eine ausgedehnte Reise, wie Goethe sie unternommen hat, kann dann eine günstige Gelegenheit sein, uns von diesen Einflüssen zu befreien und weiterzuentwickeln.

Das alles zeigt: Es gibt ein ständiges Zusammenspiel von Mensch und Ort, das immer schon Teil des Menschheitswissens war, und das jetzt allmählich über die Wissenschaft wieder Eingang in unser Bewusstsein findet. Das Interesse vieler Menschen an meiner Arbeit, das Bedürfnis nach Wissen über die Wirkung ihrer eigenen Orte sowie Studien wie die von Opiz zeigen mir, dass wir als Gesellschaft die Regeln dieses Zusammenspiels schön langsam wieder zu verstehen versuchen.

Ich habe dem Bedürfnis danach einen Namen gegeben. Geprägt hat ihn eigentlich der britisch-amerikanische Schriftsteller W. H. Auden, der von 1907 bis 1973 lebte. Er setzte aus den beiden griechischen Worten »topos« für »Ort« und »philia« für »Liebe« das Wort »Topophilia« zusammen. Auden meinte, Topophilia habe wenig mit der Liebe zur Natur zu tun, sie hänge vielmehr von einer Landschaft, von natürlichen Orten oder von Gebäuden ab und sei beeinflussbar durch einen Sinn für Geschichte.

Für mich steht der Begriff »Topophilia« für bedeutend mehr. Er steht für all das: für dieses unaufhörliche und bisweilen magische Zusammenspiel, für das Nachforschen, für das Nachfühlen, was ein Ort mit uns macht und für das Reflektieren darüber, was wir in Kenntnis seines Geistes aus ihm machen können. Wenn wir dabei sensibel vorgehen und das meiste richtig angehen, erzielen wir einen Effekt, der unser Leben entschieden besser macht: den Topophilia-Effekt.

Eine Kapelle in Südengland

Ich mag es, wenn mich meine Auftraggeber kontaktieren, bevor sie einen Ort zu nutzen beginnen. Die Frage lautete in solchen Fällen, was sie mit einem Ort tun sollen, was ihm am ehesten entsprechen würde und was dort deshalb am besten funktionieren würde. Etwas ganz Neues zu skizzieren, wenn alles noch unangetastet ist, ist immer leichter, als etwas zu bremsen oder jäh zu ändern, was schon in vollem Gange ist. Das hier ist die Geschichte eines Auftrages dieser Art, der mich als Historikerin besonders gefordert hat.

Die Ortschaft, in die mich meine Auftraggeber riefen, befand sich in der Nähe von Bristol im südenglischen Wiltshire. Dort stand, umrahmt von sattgrünen Bäumen und Büschen, eine größere aufgelassene Kapelle aus dem 17. Jahrhundert mit einem kleinen Keller. Abbey und Broderick, ein Ehepaar, hatten mich gerufen, weil sie das Gebäude gekauft hatten und es neu beleben wollten.

Aus alten Kirchen etwas Neues zu entwickeln, ist immer eine besonders spannende Aufgabe. Allerdings ist es auch ziemlich anspruchsvoll. Angesichts der meist starken Energie, die an solchen Orten herrscht, ist dabei immer auch Vorsicht geboten. Ich habe es schon erwähnt: Sich an solchen Orten eine oder mehrere Stunden aufzuhalten, ist kein Problem und kann sogar inspirierend sein. Doch auf Dauer kann diese Energie den Organismus überfordern.

Abbey und Broderick wollten das Gebäude wirtschaftlich nutzen, so viel stand fest. Aber wie?

Im Idealfall war es etwas, wo sich die Menschen nur ein paar Stunden aufhielten, also kein Hotel und keine Pension, aber vielleicht ein Kosmetikstudio oder ein Geschäft. Und in jedem Fall würde das Ambiente dem Ganzen eine spezielle Wirkung verleihen.

Die Kapelle war sehr hell. Durch bunte Fenster hinter dem Altar fiel Licht in das Innere des Gebäudes. In der Mitte hing noch immer ein großes und schweres Kruzifix aus Holz und an den Seitenwänden gab es ebenfalls Fenster. Blieb die Tür offen, flutete von allen Seiten Licht den Raum. Das war wundervoll. Doch was genau sollte das Paar dort tun?

In alten Archiven aus der Umgebung fand ich Aufzeichnungen, die besagten, dass die Mönche hier einst Brot für die Eucharistie gebacken und in einem kleinen Keller Wein aufbewahrt hatten, Essen und Trinken also. Ich wunderte mich, warum ich nicht gleich an ein Restaurant gedacht hatte.

»Die Idee gefällt uns«, meinte das Paar, das schon seit Jugendtagen zusammen war. Die Gesichter der beiden strahlten hell, als ich meine Gedanken mit ihnen teilte. Ich konnte sie mir gut als Gastronomen vorstellen, sonst hätte ich den Vorschlag gar nicht gemacht. Beide waren, soweit ich das beurteilen konnte, vom Wesen her offen, gesellig und respektvoll und höflich im Umgang mit anderen.

Meine Menschenkenntnis ist ganz gut, glaube ich. Sie ist zum Teil auch Trainingssache. Es ist ganz wie beim Erlernen einer Sprache. Wenn wir uns wenig mit einer Sprachen befassen, rostet sie ein und wir verlieren allmählich den Zugriff auf das Vokabular und unsere Grammatikkenntnisse. Basis für unsere Menschenkenntnis sind die Spiegelneuronen im Gehirn und die müssen wir ständig fordern.

Jedes Mal, wenn ich auf eine Person treffe, die ich noch nicht kenne, versuche ich ganz bewusst, Elemente wie Aussehen, Herkunft und Beruf auszuklammern. Ich beobachte viel und intensiv und versuche dabei, typische Wahrnehmungsfehler zu vermeiden. Dass jemand einen gut aufgeräumten Schreibtisch hat, heißt nicht zwangsläufig, dass er auch wirklich verlässlich ist. Im ersten Moment würden wir das eine aber mit dem anderen assoziieren.

An diesem Paar fiel mir auch noch auf, dass beide gut strukturiert denken konnten und dabei auch Kleinigkeiten beachteten. Außerdem waren sie aufgeschlossen für Neues. Broderick war in seiner Herangehensweise etwas rationaler als Abbey und hatte stets auch das Budget im Blick. Sie wiederum war innerhalb ihrer Beziehung für das Kreative zuständig.

Sie fragten mich, ob ich ihnen mit meiner Expertise auch bei der Gestaltung zur Hand gehen könnte. Normalerweise halte ich mich bei so etwas heraus. Ich liefere Informationen und Hinweise und überlasse meinen Auftraggebern den Rest, weil es mir gar nicht zusteht, andere in ihren Entscheidungen zu leiten. Hier aber machte ich eine Ausnahme, weil ich die Herangehensweise der beiden an das Projekt gut fand und ihre dynamische Art mochte.

Also machten wir uns zusammen an die Umsetzung des Plans. Der Denkmalschutz beschränkte dabei unseren Spielraum. Die Grundstrukturen des Gebäudes mussten gleich bleiben, nur drinnen konnten wir planen. Wir verabredeten uns zu einem Abendessen, um das Unterfangen in einem gemütlichen Rahmen zu besprechen.

»Wir müssen zuallererst die Stellen im Raum finden, die heilsam und gut für Menschen sind, und jene, die schwächen«, sagte ich. Die beiden nickten.

Ich skizzierte die ehemalige Kapelle auf einem weißen Blatt Papier.

»Ich würde die Theke hierhin bauen«, sagte ich und kreiste den Platz ein, an dem jetzt noch der Altar stand. »Die Theke wird das Herzstück des Restaurants sein, so wie der Altar das Herzstück der Kapelle war.«

»Das hört sich richtig an«, sagte Abbey. »Ich sehe das schon vor mir. Die Verkleidung machen wir aus Holz, das nicht zu dunkel sein sollte. Dahinter die bunten Kirchenfenster. Das wird großartig.«

»Dort, wo die Geistlichen früher die Kollekte sammelten, kommt die Kassa hin«, überlegte ich weiter, während die beiden alles Wichtige aus unserem Gespräch sorgsam aufschrieben, um sich später, beim Gespräch mit ihrem Architekten, so gut wie möglich daran erinnern zu können. Während ich die Skizze bearbeitete, überlegten sie, wie sie den Fußboden gestalten wollten.

»Ich bin für große, weiße und schwarze Fliesen«, meinte Abbey.

»Meinst du nicht, dass Fliesen zu kühl wirken?«, wandte Broderick ein. »Wie wäre es mit einem Teppichboden?«

»Zu unhygienisch, und beim Essen würde zu viel gekleckert«, meinte Abbey. Die beiden waren ganz aufgeregt über ihr neues Projekt. Auch das zeigte mir, dass die Sache stimmig war.

»Haben Sie noch andere Vorschläge für uns?«, fragte Abbey.

Ich deutete auf eine Stelle des Plans. »Hier machen wir gar nichts«, sagte ich. »Diesen Platz lassen wir frei.«

»Warum?«, wollte Abbey wissen.

»Das ist der Stein der Toten. Von ihm geht gewöhnlich eine Energie aus, die für lebende Menschen nicht gut ist.«

»Das wird ein voller Erfolg!«, jubelte sie auf.

Und sie behielten Recht. Wer heute dort essen will, muss teilweise wochenlang vorher reservieren. Besonders bekannt sind sie für ihr Brot, das sie jeden Tag frisch backen, und für die edlen Tropfen in ihrem Weinkeller.

Hippokrates von Kos

*Wie der berühmteste Arzt der Antike und Vater der
modernen Medizin über die Wirkung von Orten dachte.*

Das Meer ist glasklar und türkisblau. Wenn die Sonne
scheint, tanzen ihre Strahlen mit den Wellen und zaubern
ein Glitzern ins Meer. Die Dünung schwappt auf feinen
Sand und eine Felslandschaft umschließt die Bucht wie
zwei Hände, die etwas Kostbares halten. Es ist ein guter Ort,
um ungestört loszulassen. Denn nur wenige Menschen verirren sich hierher an den Camel Beach auf der griechischen
Insel Kos.

Im 5. Jahrhundert v. Chr. lebte hier Hippokrates, der wie
sein Vater Arzt wurde. Von hier aus reiste er als Wanderarzt
von Ort zu Ort und überall suchte er den Kontakt zu anderen
Ärzten und Philosophen, um sich mit ihnen auszutauschen
und sich fortzubilden.

Sein Wissen über Medizin, Wissenschaft und Ethik wuchs
dabei stetig. Schließlich gründete er die erste Ärzteschule
der Geschichte. Denn ihm war bei den vielen Gesprächen
bewusst geworden, dass es in der Medizin um rationale und
somit erklärbare Zusammenhänge geht.

Patienten suchten ihr Heil, beziehungsweise ihre Heilung, damals meist noch bei Priestern, Sehern oder Zaube-
rern. Krankheiten galten als Strafe der Götter für Verhaltens-
weisen, die den gängigen Sitten und Moralvorstellungen
widersprachen.

Hippokrates teilte diese Auffassung nicht. Er behauptete als Erster, dass Schmerzen und Leiden zwar als Folge täglicher Sünden zu sehen sind, aber er meinte damit nicht Sünden im religiösen Sinn, sondern Sünden gegen die Natur. Mit Natur wiederum meinte er sowohl den menschlichen Körper und dessen Funktionen als auch die Umwelt.

Hippokrates erstellte ein medizinisches Regelwerk, das zum Teil bis heute Gültigkeit hat. Bis heute kennen wir auch den Eid des Hippokrates, jenes Arztgelöbnis, das unter anderem die Schweigepflicht für Ärzte enthält. Ärzte müssen es inzwischen nicht mehr ablegen, es hat aber noch immer Einfluss auf ihre Berufsethik.

Nach dem Wanderarzt von der griechischen Insel mit den schönen Buchten ist auch das *Corpus Hippocraticum* benannt. Es ist eine Sammlung von mehr als sechzig ausführlichen medizinischen Texten über Theorie und Praxis der Heilkunde, allgemeine und spezielle Pathologie, Ethik und Standeslehre. Es entstand zwischen dem 6. und dem 2. Jahrhundert v. Chr. Hippokrates verfasste selbst nur Teile davon, etwa die »Epidemien« (Bücher 1 und 3) und das »Prognostikon«. Die übrigen entstammen der Feder seiner unmittelbaren Schüler oder späterer Hippokratiker, also hippokratischer Ärzte. Es ist heute unbestritten, dass all diese Texte der Haltung und Position seiner Schule entsprachen oder von seinem Denken und seiner Arbeit beeinflusst waren.

Mir persönlich ist das *Corpus Hippocraticum* von Jugend an ein Begriff, denn ich besuchte das Liceo Classico

Jacopo Stellini, das strengste humanistische Gymnasium, das es bei uns in der Gegend gab. 1808 gegründet, brachte es mehrere namhafte Wissenschaftler hervor, wie etwa Mauro Ferrari, den Präsidenten des Europäischen Forschungsrats bis April 2020. Alte Sprachen, wie Latein oder eben Altgriechisch, dominierten dort den Lehrplan.

Die Idee war, dass uns das Studium alter Schriften helfen würde, die Probleme und Herausforderungen unserer Epoche zu verstehen. Später an der Universität befasste ich mich zudem mit griechischer Paläographie, also mit der Entwicklung der Schriftarten. Die Paläographie ist eine Art Hilfswissenschaft für Geschichte, die hilft, Dokumente einzuordnen und zu datieren.

Der Einfluss von Klima und Ort

Bis heute ist das *Corpus Hippocraticum* Teil meiner privaten Bibliothek, die aus alten und neuen Büchern besteht. Ich nehme das Werk immer wieder zur Hand, um darin nach Antworten zu aktuellen Ereignissen zu suchen, so wie ich es in meiner Schulzeit gelernt habe. So etwa blätterte ich während der Corona-Krise darin, weil ich mich erinnerte, dass sich nennenswerte Teile davon mit Infektionskrankheiten befassen, die landes- oder weltweit auftreten.

Als ich mich näher mit der Wirkung von Orten auf Menschen im historischen Kontext zu befassen begann, schlug ich noch einmal die Empfehlung nach, bei langwierigen

Krankheiten den Ort des Aufenthalts zu verändern. Ich wollte wissen: Wie genau hatte Hippokrates das gemeint?

Orte, so steht es im *Corpus Hippocraticum*, bestimmen über Gesundheit oder Krankheit ihrer Bewohner mit. Es geht in der Passage im Detail um die Lage des Ortes und etwa um den Zustand des Wassers in der Umgebung. Letzterer hängt demnach unter anderem von der Position der Quelle gegenüber der Sonne ab. Wenn das Wasser nach Osten, also nach Sonnenaufgang aus der Quelle austritt, ist es besonders klar, gut riechend und leicht. Tritt es in südlicher Richtung aus, ist das Gegenteil der Fall. Dann kann das Wasser auch schädlich sein.

Als Wanderarzt konnte Hippokrates mit der unterschiedlichen Beschaffenheit von Orten Erfahrungen sammeln und Muster erkennen. Er nutzte das, um eine Art medizinische Landkarte seines Wirkungsbereiches, des antiken Griechenlands, zu zeichnen.

So hielt er fest, dass die Menschen, die in einer nach Osten ausgerichteten Lage wohnen, am gesündesten sind, weil dort Wärme und Kälte gemäßigt auftreten. Die Bewohner dort hätten eine schöne, frische Haut, helle Stimmen und würden sich durch ein lebhaftes Naturell auszeichnen, meinte er. Krankheiten wären bei ihnen eher selten und ihr Verlauf sei vergleichsweise harmlos. Die Frauen, die in solchen Lagen leben, seien besonders fruchtbar und würden ihre Kinder meist ohne große Komplikationen gebären.

Gegenteilige Beobachtungen machte Hippokrates seinen Aufzeichnungen zufolge bei Lagen, die nach Westen ausgerichtet sind. Dort sei das Wasser weniger klar, es gäbe viel Nebel und zu wenig Sonne, merkte er an. Das führe unter anderem zu einem schlechten Teint und tiefen belegten Stimmen. Krankheiten würden dort häufiger auftreten und ihr Verlauf sei schwerer.

In Lagen, die nach Süden ausgerichtet sind, reagiere der Körper auf die dort herrschenden klimatischen Bedingungen oft mit Wasseransammlungen, vermehrter Schleimproduktion, Epilepsie, Asthma, Durchfall, Ausschlägen und Hämorrhoiden, schrieb Hippokrates. Im Norden wiederum sei die typische Figur der Bewohner wasserarm, dünn und straff. Krankheiten kämen dort am häufigsten vor, die Frauen seien vergleichsweise häufig unfruchtbar und wenn sie Kinder gebären würden, hätten sie auffallend oft Schwierigkeiten beim Stillen und würden die Pubertät ihrer Nachkommen als besonders herausfordernd und schwierig erleben.

Ebenso intensiv wie dem Studium der Wechselbeziehung von Ort und Mensch widmete Hippokrates sich in seinen »Epidemien« den Auswirkungen der Jahreszeiten und ihrer Witterung auf die Gesundheit des Menschen. Hippokrates beobachtete die unterschiedlichen Wetterlagen in Frühling, Sommer, Herbst und Winter genau und führte minutiös Buch darüber.

Ein Jahr nach der damals noch herrschenden dorischen Zeitrechnung entspricht jedoch nicht unserer Aufteilung. Vielmehr begann es im Herbst und endete mit dem Spätsommer.

Hippokrates unterscheidet in seinem Werk drei Katastasen. Damit meint er die unterschiedlichen Witterungseinflüsse in unterschiedlichen Jahren – und die Krankheitsbilder, die er dabei beobachten konnte. Unterteilt sind die Schilderungen stets nach folgenden Kriterien: Jahreszeit, Wetterlage, Krankheit sowie typische Symptome und Verlauf.

Im Originaltext, hier ein Auszug aus der ersten Katastasis, klingt das so:

Wetterlage: Südwind, Kälte, wenig Regen
Jahreszeit: Frühjahr
Krankheit: Mumps
Symptome & Verlauf: Ein- oder beidseitige Schwellungen an den Ohren, kaum Fieber, kein Eiter, verschwanden ohne Spuren. Männer > Frauen, Sporttreibende, Entzündungen in einem oder beiden Hoden.

Oder an anderer Stelle, ebenfalls in der ersten Katastasis:

Wetterlage: Sommer meist bewölkt, regenlos; Winter mit Südwind, Trockenheit wie im Frühjahr
Jahreszeit: Sommer und Winter
Krankheit: Schwindsucht
Verlauf & Symptome: Vorher elender oder zweifelhafter Zustand, jetzt Bestätigung. Anhaltendes, heftiges Fieber mit Schüttelfrost, in Perioden von 1,5 Tagen, Schweißausbrüche, extrem kalt, lebhafter Stuhlgang gallig, dünn, beißend, Urin dünn, farblos, unreif oder dick, schwaches Hüsteln mit reifem Auswurf. Diejenigen, deren Natur zur

Schwindsucht neigte, bekamen sie. Die meisten (die Bettlägrigen wohl alle) starben, rascher als bei dieser Krankheit üblich. Schwerste Krankheit, große Zahl von Todesfällen.

Oftmals umschlossen Hippokrates' Schilderungen Menschen aus seinem persönlichen Umfeld, wie etwa dieser Eintrag aus der dritten Katastasis belegt:

Wetterlage: Um SSW (Sommersonnenwende) wenig Regen, starke Kälte bis zum Aufgang Sirius' (Mitte Juli), danach bis Aufgang Arkturos (gemeint ist Arktur, der Hauptstern im Sternbild Bärenhüter und der hellste Stern des Nordhimmels) warmer Sommer, starke, plötzliche Hitze, anhaltend, kein Regen. Etesien wehten (von Mai bis Oktober typischer, trockener Nord(west)wind im östlichen Mittelmeerraum).
Jahreszeit: Sommer
Krankheit: Ruhr
Symptome & Verlauf: Bei manchen (auch Sohn des Eraton und Myellos) Ende des Brennfiebers (?) mit Blutungen und ruhrartigen Erscheinungen, blieben am Leben.

Dazu merkte Hippokrates an:

Die beiden Brüder des Epigenes, im Sommerhaus, Euagon, der Sohn des Daitharses, die Tochter des Aglaides. Panthakles, der neben Dionysios wohnte, Phanokritos, der bei dem Walker Gnathon lag. Zu den Krankheiten der Frauen: Viele wurden krank, oft schwere Geburten, so die Tochter des Telebulos am 6. Tag p.p. bei den meisten während des Fiebers Menstruation, bei vielen Mädchen erstmalig, bei manchen Nasenbluten und Menstruation.

Im Jahr 2019, zweitausend Jahre nach Hippokrates, bestätigte eine an der Universität in Manchester durchgeführte Studie, dass das Wetter tatsächlich die Gesundheit der Menschen, beziehungsweise den Verlauf, die Häufigkeit und vor allem die persönliche Wahrnehmung von Krankheiten beeinflusst.

Die Studienautoren beobachteten und untersuchten mehr als 15 Monate lang insgesamt 2.658 Patienten. Menschen mit chronischen Krankheiten, wie Arthritis oder Fibromyalgie, die durch Schmerzen in der Muskulatur und im Bindegewebe gekennzeichnet ist, haben in einem Gebiet mit feuchtem und windigen Wetter eine 20 Prozent höhere Wahrscheinlichkeit, ihre Leiden zu spüren, fanden sie heraus.

Demut vor dem Alten

Diese britische Studie zeigt, wie gut die moderne Wissenschaft daran täte, alte Schriften vorurteilsfrei zu betrachten, statt sie als naiven Aberglauben abzutun. Sie müsste sich fragen, wie unsere Vorfahren zu diesen und jenen Einschätzungen gelangten und diese Einschätzungen mit ihren eigenen Möglichkeiten überprüfen. Im Zusammenführen von altem und neuem Wissen schlummern ungeahnte Möglichkeiten für den Fortschritt der Menschheit, die oft an der Arroganz der jeweils Lebenden gegenüber allem Alten scheitert. Wir brauchen da, kurz gesagt, mehr Demut.

Ein Beispiel für Jahrtausende alte Erkenntnisse, die unsere moderne Medizin als ihre Entdeckung feiert, ist die Lehre von der Hautatmung. Der Philosoph, Naturforscher, Politiker, Redner und Dichter Empedokles, der von 495 bis 435 v. Chr. lebte, erkannte seinerzeit, dass an der Oberfläche unseres Körpers »blutarme Fleischröhren« liegen, über die unser Körper ständig atmet. Heute sprechen wir in diesem Zusammenhang von Poren. Die sogenannte Perspiration, also den Austausch von Sauerstoff und Kohlendioxid über die Haut, konnten unsere Wissenschaftler erst 1999 nachweisen und messen.

Der deutsche Mediziner Markus Stücker entwickelte dafür ein eigenes Gerät, das Empedokles 2.000 Jahre zuvor nicht brauchte, um genau das Gleiche zu erkennen. Dabei ist die Erkenntnis, dass unsere Haut atmet, wichtig. Mit diesem Wissen lassen sich zum Beispiel Durchblutungsstörungen und deren Folgen, wie Raucherbein und Venenleiden, früh erkennen.

Dass die Haut atmet, wissen die Menschen also schon lang. Was aus Sicht der gegenwärtigen Wissenschaft gefehlt hat, war die Messbarkeit. Deswegen haben wir auf die Bestätigung der Hautatmung so lang warten müssen. So lange, bis Dr. Stücker ein Gerät entwickelte, mit dem das Phänomen messbar wurde.

Es gibt in der Geschichte zahllose Hinweise, die der Wissenschaft weiterhelfen könnten, wenn sie die nötige Achtung dafür aufbrächte, insbesondere in der Antike. Mich interessieren hier besonders jene, die sich auf die Wirkung von Orten auf uns Menschen beziehen.

Gleiches bedingt Gleiches

Im Hinblick auf die Wirkung von Orten auf Menschen ging Hippokrates über relativ leicht nachvollziehbare Zusammenhänge zwischen der Gesundheit und dem Wetter mit faszinierenden Theorien in die Tiefe. Der Charakter eines Ortes bestimme über die gesamte körperliche und persönliche Struktur eines Menschen mit, meinte er, und somit auch über die Institutionen, Bräuche und Sitten der betreffenden Region. »Der Mensch ist das Produkt des Ortes, an dem er lebt«, heißt es im *Corpus Hippocraticum*.

Für Hippokrates war jeder Ort also eine Art Werkstatt, eine Art Laboratorium, in dem Menschen nach bestimmten Vorgaben, nach bestimmten Mustern entstehen. Alle Menschen waren auch für ihn einzigartig, doch es verbinden sie Gemeinsamkeiten, so seine Meinung, und diese Gemeinsamkeiten sind auch von den Orten geprägt, an denen sie leben.

Hinter dieser Denkart des großen antiken Wanderarztes steht eine Idee, die im damaligen Denken immer gegenwärtig war. Ähnliches erzeugt Ähnliches, lautete sie.

Sie geht auf den bereits erwähnten Philosophen, Naturforscher, Politiker, Redner und Dichter Empedokles zurück,
der sich unbestätigten Behauptungen zufolge auch als Arzt,
Medizinschriftsteller, Magier und Wahrsager betätigte. In
der Folge orientierten sich von Plato bis Hildegard von Bingen zahlreiche Philosophen und Naturforscher daran.

Plato tat das zum Beispiel, als er in einem seiner Haupt-
werke *Politeia* (Der Staat) die Sonne mit dem Auge verglich.
Beides seien Medien des Lichtes, die Sonne habe das Auge
hervorgebracht. Hildegard von Bingen tat das, als sie in
ihrem Buch *Causae et Curae*, einem umfassenden Werk über
den Glauben und über naturkundliches Wissen, festhielt,
dass Ähnliches durch Ähnliches geheilt wird. So etwa sehen Walnüsse wie kleine Modelle unseres Gehirns aus und
schärfen durch wertvolle Omega-3-Fettsäuren, Eiweiß, B-
Vitamine und Mineralstoffe, wie Magnesium, Natrium und
Kalium, tatsächlich unseren Verstand.

Hippokrates bezog das Gesetz der Ähnlichkeit auch auf
die Wirkung der Bodenbeschaffenheit an einem Ort auf die
dort lebenden Menschen. Fette, weiche Erde bringe Menschen mit fleischigem Aussehen hervor, meinte er. Sie sei-
en eher träge, hätten schlechte Manieren, seien grob und es
mangle ihnen an Scharfsinn. Kahler, wasserarmer und rauer
Boden hingegen bringe hagere und stärker behaarte Menschen hervor. Sie seien wild, stolz und tapfer, zudem seien
sie eher intelligent und ihr Geist sei wach.

Der griechische Universalgelehrte Aristoteles, der von
384 bis 322 v. Chr. lebte und zu den bekanntesten und ein-

flussreichsten Philosophen und Naturforschern der Geschichte gehört, übernahm dieses Konzept von Hippokrates
und entwickelte es weiter. In seinem Werk *Politik* etwa hielt
er fest, dass die Europäer im Vergleich zu Menschen anderer
Kontinente voller Jähzorn seien und es ihnen an Intelligenz
und an der Fähigkeit mangle, Herrschaft auszuüben. Aus
diesem Grund leben sie freier, meinte er, aber es fehle ihnen eine wirkliche politische Verfassung. Eine Analyse, die
interessante Rückschlüsse auf den Zustand der EU zuließe.

Das Kloster im Wald

In einer umbrischen Hügellandschaft steht auf rund 600 Metern Seehöhe inmitten eines von Eichen und Kastanien dominierten Waldes ein altes Kloster. Im Laufe seiner Geschichte verwandelte es sich in ein Hotel mit gerade einmal sechs Zimmern und einem kleineren Nebenhaus mit drei weiteren Zimmern, das etwa 500 Meter vom Hauptgebäude entfernt liegt und mit seiner hübschen Terrasse und seinem Weitblick in die Landschaft auch als Restaurant dient. Der Eigentümer dieses Betriebes wollte von mir wissen, warum das Ganze nicht funktionierte.

Ich war im ersten Moment selbst verwundert, als ich im Innenhof des Klosters stand und mir der feine, wohltuende Duft von blühenden Kirschbäumen in die Nase stieg. Auch meine Hündin Leya schien sich in der Umgebung sehr wohlzufühlen. Sie legte sich sofort hin, um ein Nickerchen zu machen. Für mich war das neben meinem eigenen Empfinden der Beweis dafür, dass die Energie hier ausgesprochen gut war.

Mit diesem Eindruck begann ich meine Recherchen und stieß auf eine faszinierende Geschichte, die mit einem jungen Mann aus dem 14. Jahrhundert ihren Anfang nahm. Er war ein Adeliger mit strahlenden Zukunftsaussichten. Ihm stand aufgrund seiner Herkunft die Welt offen. Die Familie, in die er hineingeboren war, lieferte ihm die besten Voraussetzungen für ein sorgenfreies und glorreiches Leben. Er aber entschied sich dafür, diese Familie zu verlassen, weil er mit dem Wohlstand seiner Verwandtschaft nichts anzufangen wusste. Die Ziele, die seine Familie verfolgte, kamen ihm falsch und unaufrichtig vor.

Während seine Geschwister den Luxus genossen, reiche Eltern zu haben und sich mit Besitztümern zu schmücken, zog es ihn von Zuhause weg in ein abgelegenes Gebiet. Dort wählte er ein kontemplatives Leben. Ähnlich wie Franz von Assisi wollte er freiwillig in Armut und als Einsiedler leben, abgeschottet von der Außenwelt und ihren weltlichen Einflüssen. Keine Ablenkung, keine falschen Ideale.

Sein dringlicher Wunsch war es, in Einklang mit der Natur zu leben, mit ihr in Ruhe und Stille eins zu werden und sich dem Gebet zu widmen. Er wollte seine Aufmerksamkeit und seinen Blick von außen nach innen lenken, um Erkenntnis, Erlösung und Erleuchtung zu finden. Dafür ließ er jeglichen Besitz zurück. Alles, was er behielt, war die Kleidung, die er am Körper trug.

Wochenlang wanderte er ziellos umher und ließ sich ausschließlich von seiner Intuition leiten, bis er schließlich an einen Ort gelangte, an dem er sich wohlfühlte und an dem er sich ein kleines Haus bauen wollte. Dieser Ort lag 300 Kilometer von seiner einstigen Heimat entfernt.

Es sprach sich in der Gegend allerdings rasch herum, dass der junge Mann aus besten Verhältnissen ausgestiegen war, um ein Leben als Eremit zu führen. Auch andere Menschen fragten sich, ob sie mit einem Ausstieg ihre innere Unzufriedenheit heilen könnten. Einige hofften, den Sinn ihres Daseins zu erkennen und in der Stille und Abgeschiedenheit den Ruf Gottes zu hören, wie es damals hieß, wenn sie diesem Mann nacheiferten. Sie machten sich auf den Weg, um den jungen Mann zu finden und sich ihm und seiner Lebensweise anzuschließen.

Als sie ihn tatsächlich ausfindig gemacht hatten, schlugen sie ihm vor, einen Orden zu gründen. Anfangs war der junge Mann nicht begeistert, da er seine Familie verlassen hatte, um allein zu sein. Das war er nun allerdings nicht mehr.

»Ich bin hierhergekommen, um fernab der Zivilisation zu leben«, erklärte er den alten Schriften zufolge, »wenn ihr alle bleibt, hätte ich meine Familie erst gar nicht verlassen müssen.«

Doch die anderen Aussteiger redeten auf ihn ein, weil sie nicht zurück in die Dörfer wollten, aus denen sie gekommen waren. Jeder einzelne von ihnen legte ihm seine persönlichen Beweggründe dar. Schließlich ließ sich der junge Eremit überzeugen und baute mit den anderen Aussteigern ein Kloster.

»Unter einer Bedingung«, sagte er. »Wir halten zusammen und jeder übernimmt Aufgaben für die Gemeinschaft, aber dennoch geht jeder seinen eigenen Weg und lebt als eigenständiges Individuum. Stille und Ruhe sind nach wie vor wichtig und das funktioniert nur, wenn sich jeder auf sich und sein Inneres besinnt. Wenn andere Menschen hier auftauchen, heißen wir sie willkommen. Aber auch sie müssen sich an diese Vorgaben halten und sich beim Dienst an der Gemeinschaft einbringen. Niemand darf sich zurücklehnen, jeder muss seinen Beitrag leisten, indem er seine Arbeitskraft und seine Talente für die Gemeinschaft zur Verfügung stellt.«

Die anderen Aussteiger willigten ein und so lebten Ordensbrüder über die Jahrhunderte hinweg in dem entlegenen Kloster.

Im 20. Jahrhundert unterdrückte der Papst den Orden. Von da an stand das Anwesen leer. Es verfiel. Viele Jahre später entdeckte es ein kleiner Junge wieder. Er spielte im Wald und sah dabei die Ruine. Er kam immer wieder, um auf den halb eingestürzten Mauern herumzuklettern, aus deren Rissen Gestrüpp und Unkraut wucherte. Er liebte es, durch die verfallenen Räume zu laufen. Er stellte sich dabei vor, wer damals, vor langer, langer Zeit hier gelebt hatte.

Manchmal spielte er selbst Mönch und schritt andächtig in den Gängen auf und ab, die Hände vor der Brust gefaltet. In seiner Fantasie malte er sich aus, wie das Kloster, als es noch bewohnt war, wohl ausgesehen haben mochte. In seinem Kopf war wohl alles noch viel bunter, als es damals wirklich gewesen war. In den Zimmern, in denen die Mönche schliefen, standen einfache Betten aus dunklem Holz, daneben ein Tisch aus demselben Holz und dazu ein unbequemer Stuhl. An den kahlen Wänden hing ein Kreuz. Ein kleines Fenster ließ etwas Tageslicht herein.

Als dieser Junge älter und selbst Vater wurde, zeigte er seinem Sohn diesen magischen Platz. Auch sein Sohn verliebte sich sofort in das heruntergekommene Kloster. Auch ihn faszinierte die Vorstellung, wie viel dieses Gebäude schon erlebt und gesehen haben muss. Auch wenn er das als Kind noch nicht benennen konnte, spürte er intuitiv, dass die Energie des Ortes gut für ihn war und ihn auf magische Weise besänftigte. Wenn etwa seine große Schwester ihn wieder einmal nervte und mit ihm, ihren Freundinnen und ihren Puppen »Familie« spielen wollte, war die Ruine ein willkommener Zufluchtsort für ihn.

»Ich bin weg«, rief er, ehe er die Tür hinter sich ins Schloss fallen ließ, und sein Vater schmunzelte, weil er sich noch gut an seine eigene kindliche Beziehung zu dem geheimnisvollen Mauerwerk erinnern konnte. Dann lief er in den Wald und den Hügel hinauf, wo das alte Kloster stand.

Der Sohn wurde älter und irgendwann waren Mädchen für ihn nicht länger »uncool« und »peinlich«. Er hatte erste Dates, übte sich in romantischen Blicken und Küssen und verlor schließlich sein Herz. Er verliebte sich in eine rotblonde junge Frau mit vielen Sommersprossen und wollte mit ihr sein Leben verbringen.

Eines Abends lief er gemeinsam mit ihr in den Wald und den Hügel hinauf zum Kloster. Dort saßen sie auf einer der Mauern, ließen ihre Beine baumeln und schauten durch die Baumwipfel in den Himmel, der voller Sterne hing.

»Das ist der schönste Platz, den ich je gesehen habe«, flüsterte sie ihm ins Ohr.

»Was hältst du davon, wenn wir diese Ruine herrichten und hier leben?«, fragte er. »Nur du und ich?«

»Nur du und ich ...« Erst nach einem langen Augenblick der Stille fuhr sie fort. »...und unser Baby.«

Der junge Mann war außer sich vor Freude. Er lief laut juchzend eine Runde um das alte Kloster. Als er völlig außer Atem vor ihr stehen blieb, sagte sie: »Um deine Frage zu beantworten: Ja, lass uns das alte Gemäuer wieder in Schuss bringen und der Ruine neues Leben einhauchen.«

Gleich am nächsten Morgen setzte er sich mit der Gemeinde in Verbindung. Die Beamten dort waren verblüfft, dass sich jemand für das abgelegene und verwahrloste Grundstück interessierte. Womöglich hielten sie ihn für einen Träumer, jedenfalls vermieteten sie ihm das ehemalige Kloster zu einem günstigen Preis. Aus ihrer Sicht war das Grundstück ja praktisch wertlos.

In den 1970er-Jahren renovierte er das Gebäude grob, bevor er zusammen mit seiner Frau und seinem Neugeborenen darin einzog. Während sie das Kloster bereits bewohnten, nahm er mit viel Liebe zum Detail weitere Restaurierungen vor. Er schuftete Tag und Nacht, um aus der ehemaligen Ruine ein schönes Anwesen für ihn und seine Frau zu machen.

Ähnlich wie damals der Einsiedler-Orden bestritt die Familie ihr Leben unabhängig und autark. Sie nutzten die Ressourcen, die ihnen die Natur vor Ort zur Verfügung stellte, bauten Gemüse, Obst und Getreide an und betrieben eine Landwirtschaft mit Tieren, die ihnen Milch und Fleisch lieferten. Die beiden glaubten, dass jedes Tier, jede Pflanze und sogar jeder Stein mit Energie aufgeladen ist, mit der sie im engen Austausch stehen.

Immer wieder besuchten sie Freunde, die für einige Zeit blieben und mithalfen. Sie genossen die friedliche und ruhige Atmosphäre und konnten an diesem Ort abschalten. Abends nach dem gemeinsamen Essen saßen dann alle gemütlich zusammen, teilten ihre Gedanken und philosophierten über das Leben und den Sinn ihres Daseins. Es war alles harmonisch, ausgeglichen und beschaulich.

Dieses Leben passte zu den beiden. Sie hatten keine Nachbarn, die sie stressten. Niemand beobachtete sie, um sie zu beurteilen. Sie mussten sich im Alltag nicht mit anderen messen. Sie waren glücklich.

Einige Jahrzehnte später, im Jahr 2015, übernahm die nächste Generation das ehemalige Kloster. Das Ehepaar hatte drei geschäftstüchtige und erfolgsorientierte Söhne, die mit dem ungewöhnlichen Ort nun einiges vorhatten. Sie wollten aus dem Gebäude, das sie geerbt hatten, ein Hotel mit traumhaftem Pool und diversen anderen Annehmlichkeiten machen. Ihr Ziel lautete: Geld mit der Immobilie verdienen, genug für alle drei. Bloß blieben die Gäste aus und mit ihnen der erhoffte Wohlstand. Deshalb engagierten sie mich.

Die Geschichte nahm allerdings kein gutes Ende. Ich sagte ihnen, was ich herausgefunden hatte, und gemeinsam überlegten wir, was das bedeutete.

Für mich war der Fall ziemlich klar: Der Ort, der einst den ziellos herumstreunenden Aussteiger und späteren Ordensgründer angezogen hatte, verlangte nach Gemeinsamkeit, nicht nach Gewinnorientierung. Gäste sind dort willkommen, doch sie müssen sich einbringen können.

Das Ideale dort wäre für mein Gefühl zum Beispiel ein WWOOF Betrieb gewesen. WWOOF steht für »World Wide

Opportunities on Organic Farms«, einer weltweiten Bewegung, die Bio-Höfe mit seinen Gästen verbindet. Die Leute quartieren sich ein und helfen mit, den Betrieb am Laufen zu halten, und lernen viel über Landwirtschaft.

Trotz meines Ratschlages blieben die Brüder bei ihrem Plan und versuchten, ihn mit nur noch mehr Druck umzusetzen. Doch ihre Investitionen wollten sich einfach nicht rentieren. Einer der Brüder wurde krank. Ein anderer setzte wegen der sich auftürmenden finanziellen Probleme seinem Leben auf dramatische Weise ein Ende.

Es war bitter für mich, das zu beobachten. Hätten die drei sich entschlossen, zu akzeptieren, dass dieser Ort eine bestimmte Grundenergie hatte, und hätten sie versucht, dieser Grundenergie mit ihren Plänen gerecht zu werden, hätte ihr Schicksal womöglich eine andere Wendung genommen.

Ich jedenfalls würde niemals versuchen, mich gegen die Energie eines Ortes zu stellen. Ich wäre sicher, dass meine Ideen und Pläne auf diese Weise nicht aufgehen würden. Darüber hinaus hätte ich ernsthafte Bedenken, mit diesen fehlgeleiteten Anstrengungen früher oder später meinem Körper, meinem Geist und meiner Seele zu schaden.

Der vitruvianische Ort

Die Ansichten des antiken Architekten Vitruv über die
Wirkung von Orten und wie er mit seiner Denkart die
Architektur bis in die Gegenwart prägt.

Es gibt ein einzig erhaltenes Werk der Antike über Architektur. Es trägt den Titel *De architectura libri decem* (Zehn Bücher über die Architektur). Geschrieben hat es der römische Architekt, Ingenieur und Architekturtheoretiker Marcus Vitruvius Pollio, kurz Vitruv, der im 1. Jahrhundert v. Chr. lebte.

Bis heute bekannt ist Vitruv einer breiteren Öffentlichkeit vor allem wegen einer Skizze, die rund 1.500 Jahre nach seinem Tod entstand: Der vitruvianische Mensch. Es handelt sich um eins der meist publizierten Bilder der Welt, so etwa ziert es die italienische Ein-Euro-Münze.

In seinem Sammelwerk *Zehn Bücher über die Architektur* hatte Vitruv berichtet, dass der Mensch im Gleichgewicht mit dem Kosmos, der Welt und seiner Umgebung sein muss. Um das zu versinnbildlichen, beschrieb er einen Kreis. Darin fügte er ein Quadrat ein und darin wiederum, sagte er, müsste man sich eine männliche Gestalt vorstellen, die mit gestreckten Armen und Beinen dasteht.

Jahrhunderte später wagte sich Leonardo da Vinci an dieses Motiv, allerdings befinden sich die vier Ecken seines Quadrats nicht innerhalb des Kreises, wie von Vitruv vorgesehen, sondern außen, wie auch die Spitze des linken Fußes. Sprich: Da Vinci veränderte eigentlich die vitruvianischen

Proportionen, die Harmonie und das Gleichgewicht zwischen Mensch und Umwelt.

Den Grund dafür vermutet die Geschichtsforschung in der vorherrschenden Gesinnung der damaligen Zeit. In der Phase, in der da Vinci lebte, dominierte die Vorstellung, dass der Mensch im Mittelpunkt von allem steht. Davor wiederum sah man ihn als Brücke zwischen Mikro- und Makrokosmos.

Es ist fast schon skurril, dass sich das Original dieser wohl bekanntesten Skizze der Welt nie durchsetzte. 1521 etwa zeichnete der italienische Maler und Architekt Cesare Cesariano das Bild tatsächlich so, wie Vitruv es in einem seiner Bücher beschrieben hatte, doch niemanden kümmerte es.

In seinen Schriften handelte Vitruv unter anderem auch die Grundbegriffe der Architektur ab. Er beschäftigt sich mit Tempelbau, der Errichtung von öffentlichen und privaten Gebäuden, mit Wasserversorgung und Maschinenbau.

Wichtig war ihm auch die Ausbildung angehender Architekten. Dabei betont er, dass Architekten Disziplinen beherrschen müssen, die über Geometrie und Mathematik hinausgehen. Er fordert eine universelle Bildung für sie. Dazu zählt er etwa ein fundiertes Wissen über Geschichte, Philosophie, Musik und Astronomie, denn Vitruv war überzeugt, dass jemand, der ein Haus baut, nicht nur über die Bauweise selbst Bescheid wissen muss. Er müsse auch die Hintergründe der Kultur seines Volkes verstehen und das Wesen eines Ortes erfassen können, meinte er.

Seiner Meinung nach sollten Architekten auch medizinisch gebildet sein. Denn er war überzeugt, dass die Häuser, in denen Menschen leben, ihren Körper beeinflussen können, positiv wie negativ. Wie Hippokrates ging es auch Vitruv dabei zunächst um Dinge wie das Wasser, das ein Ort hervorbringt, oder um die Lebensmittel, die dort wachsen.

So etwa schrieb er über einen Landstrich auf Kreta, den der Fluss Pothereus durchtrennte. Auf einer Uferseite lag die Stadt Gnosos, auf der anderen die Stadt Gortyna. Die Bewohner stellten beim Schlachten fest, dass die Schafe, die in Gnosos weideten, eine Milz hatten, jene von Gortyna allerdings nicht. Wie war das möglich?

Ärzte forschten nach und fanden heraus, dass auf der Seite mit den Tieren ohne Milz ein Kraut wuchs, das die Milz verkleinert. Die Kretenser nannten es »Asplenon«, heute ist es als »Milzfarn« bekannt. Später im Mittelalter kam es bei der Heilung von Milzerkrankungen und beim Lindern von Fieber zum Einsatz.

Wie Hippokrates war auch Vitruv davon überzeugt, dass Orte den Charakter und das körperliche Erscheinungsbild ihrer Bewohner prägen. »So ist es nicht verwunderlich, wenn warme Luft die Denkkraft der Menschen schärft, während die kühle sie schwächt«, schrieb Vitruv. »Während es die südlichen Völker also schaffen, scharfsinnig zu sein, unterliegen sie dort, wo es auf die Tapferkeit ankommt, weil ihnen die Gaben des Mondes von der Sonne ausgebrannt sind. Die Bewohner der kalten Gegend aber sind zur Hitze des Kampfes geneigter und besitzen große, furchtlose Tapferkeit.«

Besonders beschäftigten Vitruv die Proportionen von Gebäuden. Er meinte, dass sich in ihnen jene des menschlichen Körpers spiegeln müssen, damit sich Menschen darin wohlfühlen können. In einem Text mit dem Titel »Theorie des wohlgeformten Menschen« ging er ins Detail: »Der Körper des Menschen ist so konzipiert, dass das Gesicht vom Kinn bis zum oberen Ende der Stirn und dem unteren Rand des Haarschopfes ein Zehntel beträgt. Die Handfläche von der Handwurzel bis zur Spitze des Fingers ebenso viel. Der Kopf vom Kinn bis zum höchsten Punkt des Scheitels soll ein Achtel betragen. (…)«

Wie viel Proportionen für uns bedeuten, lässt sich an einem einfachen Beispiel zeigen. Wenn die Stufen einer Treppe nicht zu unserer Schrittlänge passen, die im Durchschnitt 63 Zentimeter beträgt, stört das unser Harmonie-Empfinden. Unser Körper reagiert sofort darauf. Das Vorankommen ist mühsam, nervt und macht keinen Spaß. Sind die Stufen zu hoch, zu niedrig, zu schmal oder zu tief bemessen, bergen sie so ein Gefahrenpotential und das spüren wir. Sind die Proportionen allerdings auf uns abgestimmt, fühlen wir uns sicher und wohl.

Intensiv beschäftigte sich Vitruv auch mit der Frage der Baumaterialien. Er trat dafür ein, ausschließlich lokale Baustoffe zu verwenden. Wir nehmen die Kraft eines Ortes noch besser in uns auf, wenn wir die Elemente verwenden, die er uns zur Verfügung stellt, meinte er. Auf diese Weise bekämen wir am besten, was wir brauchen, um an einem Ort ein gesundes Leben zu führen, immer vorausgesetzt, der Ort tut uns von seinem Wesen her gut.

Heute erlebt die Baubranche wieder einen ähnlichen Trend, wenn auch aus etwas anderen Gründen. Im Sinne der Nachhaltigkeit geht es darum, lange Transportwege zu vermeiden und auf regional verfügbare Materialien zu setzen. Zudem sind regionale Materialien meist eng verbunden mit der regional vorherrschenden Kultur und ihrer Bauweise und helfen deshalb, Traditionen zu bewahren und die eigene Identität zu sichern und zu stärken.

Vitruvs modernes Erbe

Das Erbe des antiken Architekten Vitruv berührt auch in anderer Hinsicht die Gegenwart. Das Kloster Sankt Gallen etwa entstand nach seinen Prinzipien. Auch der amerikanische Architekt Frank Llyod Wright (1867 bis 1959) ließ sich von Vitruvs Prinzipien leiten. Zwischen 1935 und 1939 baute er für den Warenhausbesitzer Edgar J. Kaufmann ein Haus in der Nähe von Pittsburgh. Es ist einer von Wrights berühmtesten Privatbauten und wurde unter der Bezeichnung »Fallingwater« bekannt.

Denn Wright errichtete das Haus über einem Wasserfall »ganz im Einklang mit der Musik des Bachs«, wie er es selbst beschrieb. Es sollte nicht in die Natur gebaut werden, sondern ein Teil von ihr sein. Fallingwater ist damit ein Gebäude der sogenannten »organischen Architektur«, deren Ziel es ist, Harmonie zwischen dem Gebäude und dem Ort, an dem es steht, herzustellen und dabei mit natürlichen Materialien zu arbeiten. 2019 ernannte die UNESCO Fallingwater zum Weltkulturerbe.

Ebenfalls ein Vertreter dieser Richtung ist César Manrique, der von 1919 bis 1992 lebte. Er prägte wie kein anderer seine Heimatinsel Lanzarote und gilt bis heute als Vorreiter in Sachen Umweltschutz, Ressourcenschonung und Nachhaltigkeit. Er wehrte sich Zeit seines Lebens gegen Massentourismus und setzte sich für den Schutz der Insel ein.

So vertrat Manrique die Ansicht, dass kein Bauwerk auf Lanzarote höher als eine Dattelpalme sein sollte, um das harmonische Gesamtbild der Insel zu erhalten. Der damalige Präsident Lanzarotes, Pepin Ramirez, ließ diese Regelung sogar gesetzlich verordnen. Eines der bekanntesten Werke Manriques ist der Konzertsaal Los Jameos del Agua. Er errichtete ihn in der größten Lavahöhle der Insel, wo er eine ganz besondere Akustik bietet.

Auch Manriques Wohnhaus ist sehenswert. Es steht inmitten eines ehemaligen Lavastroms. Die Vorbesitzer hatten ihm den Grund geschenkt, weil sie ihn für wertlos hielten. Manrique schaffte es aber, auf einem vermeintlich toten und unbewohnbaren Stück Land ein Meisterwerk der organischen Architektur zu schaffen.

Der obere Teil des Gebäudes erinnert an traditionelles kanarisches Bauwerk mit großen Fenstern, weißen Wänden und breiten Terrassen aus Stein. Das eigentlich Außergewöhnliche befindet sich aber unter der Erde. Manrique ließ fünf Lavablasen, die als Räume dienen, durch Tunnel miteinander verbinden und schuf so einen einzigartigen, organischen Wohnraum.

Ein Verfechter dieser im Grunde vitruvianischen Art des Bauens war auch der norwegische Architekt Christian Norberg-Schulz. Er absolvierte ein Studium an der Technischen Hochschule in Zürich. Danach setzte er es in Rom und an der Havard University fort. Später unterrichtete er selbst in Yale.

Norberg-Schulz zählte zu jener Generation von Architekten, die das Dogma des technischen Funktionalismus, mit dem das Nützliche das Schöne ablöste, in Frage stellte.

In seinem Buch *Genius Loci: Landschaft, Lebensraum, Baukunst* bezog er sich auf eine Rede des deutschen Philosophen Martin Heidegger. Der hatte 1951 bei der Symposien-Reihe »Darmstädter Gespräche« einen Vortrag über das Wohnen gehalten, der nicht nur Norberg-Schulz, sondern viele weitere Wissenschaftler, Künstler und Architekten inspirierte. Im Internet findet er weit über 200.000 Erwähnungen.

Heidegger formulierte darin schon 1951 etwas, das sich inzwischen als Schlüsselproblem unserer Zeit herausgestellt hat. Die unmenschlichen Städte, die durch Zersiedelung die Landschaft zerstören und unabhängig vom regionalen wirtschaftlichen Entwicklungsstand die gesamte Erde wie Geschwüre überziehen. »Sie fordern unsere Fähigkeit heraus«, schrieb Wolfgang Schirrmacher in einem Kommentar zu

Heideggers Vortrag, »unser Handeln zu bewerten und nicht alles zu tun, was wir tun können.«

Heidegger führte in seinem Vortrag das Wohnen, ganz im Sinne Vitruvs, auf die Existenz als solche zurück, auf die Existenz der Menschen auf Erden. Allein das Dasein auf der Welt war für ihn bereits Wohnen. Er setzte zwei Dinge gleich, die heute eher als Gegensätze gelten: Das Beackern des Bodens, um die Früchte der Felder zu ernten, und das Bebauen des Bodens, um Gebäude zu errichten.

Für Norberg-Schulz war jedenfalls klar, dass jeder Ort einen bestimmten Charakter, eine spezielle Quintessenz hat. »Wir müssen auf den Ruf eines Ortes hören, indem wir uns dessen Vegetation genauer ansehen, und so herausfinden, welche Natur er hat und was sein Wesen ist«, sagte er.

Die wichtigste aller Fragen lautete für ihn: Passt dieser Ort zu mir? Als entscheidenden Parameter dafür nannte er das Bauchgefühl.

Das ist auch eine der wichtigsten Erkenntnisse, zu der ich bei meiner Arbeit gelangt bin. Tausende, oder wahrscheinlich sogar Zehntausende oder Hunderttausende Jahre lang war den Menschen die Wirkung der Orte auf sie bewusst.

Unseren Vorfahren war bewusst, dass sie mit diesen Orten in Wechselwirkung stehen, dass sie gemeinsam mit ihnen ein komplexes System bilden, in dem das eine das andere bedingt und aus dem sie Rückschlüsse auf alles ziehen können: auf ihre Gesundheit, auf ihre Wesensart, auf ihr Glück, auf die Harmonie in ihrem Leben und nicht zuletzt auf die Architektur, die ihren Lebensraum und damit alle genannten Faktoren mit prägt.

Dieses Wissen mag heute nur noch in alten Schriften stehen oder sich mit etwas gutem Willen aus den Überzeugungen von Menschen destillieren lassen, die von der Wissenschaft ignoriert werden. Doch dass es aus unserem Bewusstsein weitgehend verschwunden ist, heißt nicht, dass es auch aus unserem Unterbewusstsein verschwunden ist.

Der Eindruck, den wir von einem Ort im allerersten Moment unserer Begegnung mit ihm haben, das Bauchgefühl, das er auslöst, kann uns vieles verraten. Wir müssen nur bereit sein, darauf zu achten und ihm zu folgen. Ein Ort, der sich für uns im ersten Moment gut anfühlt, ist meistens auch gut für uns. Ein Ort, der sich für uns im ersten Moment schlecht anfühlt, wird meistens eine große Herausforderung für uns sein oder wird eine tiefe Auseinandersetzung damit fordern und fördern.

Sehr bewusst gehen mit der Wirkung von Orten und der sich daraus ergebenden Architektur auch immer mehr Unternehmer, Wissenschaftler und Freiberufler wie Rechtsanwälte oder Ärzte um. So etwa betreibt der Arzt und Buchautor Ruediger Dahlke, der das Vorwort zu diesem Buch geschrieben hat, in der sogenannten steirischen Toskana ein Seminarzentrum namens TamanGa.

Ich halte selbst Seminare und Vorträge und weiß deshalb, dass deren Erfolg, also wie gut die Informationen, die ich zu geben habe, bei meinem Publikum ankommen, auch mit dem jeweiligen Ort zu tun hat. Mehrfach hatte ich Veranstalter schon gebeten, die Räumlichkeiten mit Bedacht und nach Möglichkeit auch passend zu den Themen zu wählen.

Als ich einmal im TamanGa ein Seminar hielt, beeindruckte mich das Zentrum. Ohne mich mit dem Ort auseinandergesetzt zu haben, gewann ich den Eindruck, dass hier alles stimmte und passte. Als ich Dr. Dahlke nach dem Seminar, das tatsächlich sehr harmonisch und dabei intensiv verlaufen war, darauf ansprach, wunderte es mich nicht, dass er viel über diesen besonderen Ort zu erzählen hatte.

Ihn hatte zunächst das Klima dort verlockt, von dem die Region ihren Kosenamen hat, und schließlich hatte er ein elf Hektar großes Stück Bio-Land gefunden, auf dem in den vergangenen vierzig Jahren keine Herbi-, Pesti- und Fungizide mehr verwendet worden waren.

Was den Geist des Ortes betraf, hatte er auf seine Intuition vertraut und darauf, dass er hier einen von Menschen weitgehend ungenutzten Ort vorfand, den er selbst mit dem, was er tat, prägen konnte. Er ließ das Gebäude mit natürlichen Materialien wie Lärchenholz und Verputz aus Lehm errichten, ohne Leim und ohne Stahl, er heizte mit Hackschnitzel und Sonnenenergie, wobei er die Photovoltaik-Anlagen nicht auf Dächern errichten ließ, unter denen Menschen schliefen. Er tat alles, um die Natur, die Energie, den Geist des Ortes nicht zu stören. Er veredelte das Wasser und nachts sind die Räume mittels Netzfreischaltern völlig stromfrei.

Der Saal, in dem ich mein Seminar hielt, war hell, hoch, aus Holz und von allen Seiten belüftbar. Was für ein Segen, dachte ich, als ich mich zur Probe in die Mitte des Raumes stellte. Ich konnte förmlich spüren, dass dieser Ort bisher nichts anderes als Meditations- und Achtsamkeitsübungen erlebt hatte und Persönlichkeitsentwicklung und Entfaltung unterstützt.

Ich kann Unternehmern nur raten, sich mit diesen Dingen ebenfalls intensiv auseinanderzusetzen. Sie werden sich wundern, was sie damit alles bewirken können. Sie können damit mehr bewirken, als mit der nächsten noch so gut durchdachten Marketingstrategie oder dem nächsten noch so gut durchdachten Plan zur Motivation der Mitarbeiter.

Orte als lebendige Systeme

Bei der Suche nach dem »genius loci« und der idealen Nutzung eines Ortes geht es manchmal nicht nur um Gebäude, sondern um ein ganzes Dorf, eine ganze Stadt oder eine ganze Region. Mit Stadtentwicklung befasste ich mich schon während meines Studiums, und zwar aus purem Zufall.

Ich war gerade zu Besuch bei meinen Eltern, als ihr Festnetztelefon läutete. Der Anruf war für mich. Es war mein Mathe-Professor von der Oberstufe. Er wollte mich treffen, denn er erstellte gerade eine Liste junger Kandidaten für den nächsten Gemeinderatswahlkampf. »Wenn wir gewinnen und du genug Stimmen bekommst, könntest du die Ressorts Kultur und Sport übernehmen«, sagte er.

Politik hatte mich nie besonders interessiert, aber die Chance, in diesen beiden Bereichen mitgestalten zu können, wollte ich ergreifen.

Die Liste gewann und ich bekam mehr Stimmen, als ich selbst und alle anderen erwartet hatten. Oscar Luigi Scalfaro, damals Präsident der Republik Italien, schüttelte mir als jüngster Politikerin Italiens die Hand. Ich war damals 21 Jahre alt und konnte nun tatsächlich vier Jahre lang in meiner Geburtsstadt in den Bereichen Kultur und Sport mitreden.

Genau in dieser Zeit hatte die Stadt eine große Herausforderung zu bewältigen. Als Folge einer nationalen Gesetzesänderung verlor sie ihre Militärkaserne. Damit verlor sie auch jährlich mehr als 20.000 junge Menschen, die hier ihren Militärdienst leisteten, sowie die Berufsarmee mit ihren Familien, was der Stadt eine blühende Handels- und Dienstleistungssparte garantiert hatte.

Nach und nach schrumpfte die Stadt auf ihre eigenen knapp 5.000 Einwohner. Außerdem brauchten wir einen neuen Plan für die Altstadt. Bisher hatten Kasernen ein Drittel ihrer Fläche besetzt und sie in gewisser Weise auch blockiert. Wir brauchten eine Strategie, um die Altstadt wieder zu beleben, und schrieben einen internationalen Architektenwettbewerb aus.

Mich faszinierte dieser Prozess. Architekten aus der ganzen Welt nahmen teil und sie präsentierten sehr unterschiedliche Ideen. Ein Schweizer Architekt schlug vor, den zentralen Platz in der Altstadt, der aus dem 17. Jahrhundert stammte, komplett umzubauen.

Als Historikerin war ich entsetzt. Sollten wir etwa einen Teil der Geschichte der Stadt, einen Teil meiner eigenen persönlichen Geschichte samt meinen Kindheitserinnerungen einfach vernichten? Alles in mir sträubte sich dagegen, doch eine Mehrheit der Jury entschied sich für genau diesen Vorschlag.

Unter der Leitung des Schweizer Architekten verwandelte sich der Platz tatsächlich. Doch er verwandelte sich in etwas, das er schon einmal gewesen war. Denn im historischen Archiv fanden wir originale Baupläne der Stadt, die den Architekten inspirierten. So gab es im 17. Jahrhundert rund um den Platz einen Wasserkanal, den er wieder auferstehen ließ. Außerdem verbannte er Autos, damit der Platz wieder ein Begegnungsort mit pulsierendem Leben werden konnte. Bald war ich begeistert von seinen Ideen und erstaunlicherweise fiel es mir leicht, mich von den Steinen, die mir vertraut waren, und von anderen Trägern meiner Erinnerungen zu verabschieden. Neue Lokale und Geschäfte sperrten auf und immer mehr Menschen aus der Umgebung verbrachten ihre Zeit in der Stadt.

Als die Bauarbeiten fertig waren, hatte ich mein Studium bereits abgeschlossen und konnte das Projekt als promovierte Historikerin abzeichnen. Die Resonanz in den Medien war groß und positiv und ich erhielt danach eine Reihe von Einladungen, bei Entwicklungsprojekten für Dörfer, Städte und Regionen als Historikerin zu beraten.

Seither ist mir bewusst, dass Orte, also Grundstücke, Häuser, Dörfer, Städte und Regionen gemeinsam mit Menschen Systeme schaffen, die lebendig wie ein Organismus sind. Sie bilden keine fixen Strukturen, die unverändert für die Ewigkeit immer gleich bleiben. Sie verändern sich ständig und alles in ihnen beeinflusst sich ständig gegenseitig. Jeder Ort der Welt schließt in sich die Information ein, dass das Leben vergänglich ist, dass es ständige Veränderung ist.

Die Stadt, in der ich zur Welt gekommen bin, war lange Militärstadt gewesen und hatte nach der Schließung der Kasernen ihren Sinn verloren. Das machte eine Reflektion nötig. Was tun wir jetzt? Was ist unsere neue Vision? Die leerstehenden Gebäude und die Menschen brauchten neue Inhalte und diese Visionen und Inhalte gilt es im Einklang mit dem genius loci zu entwickeln.

Das rätselhafte Herrenhaus

Als der zu Beginn dieses Buches erwähnte Artikel über mich und meine Arbeit erschien, meldeten sich nicht nur Privatpersonen bei mir. Auch Unternehmen, Organisationen und Institutionen, wie etwa ein Tourismus-Ministerium, schrieben mir. Mein E-Mail-Postfach ging über. Jeden Tag langte eine neue Anfrage ein und ich merkte, dass der Bedarf an meiner Arbeit groß war.

Ich hatte in dem Artikel auch von der praktischen Anwendung des alten Wissens unserer Vorfahren berichtet und die Leserinnen und Leser wollten mich als Expertin buchen, damit ich die Orte, an denen sie sich aufhielten, für sie analysierte. Ich sollte herausfinden, ob Orte, an denen sie lebten und ihre Häuser errichtet hatten oder errichten wollten, auch tatsächlich gut für sie waren, oder ob es dort etwas gab, das sie negativ beeinflusste. Vor allem wollten sie wissen, ob der Ort mit Krankheiten, an denen sie selbst oder Menschen aus ihrer nahen Umgebung litten, zu tun haben könnte.

Manche suchten nach Zusammenhängen zwischen ihren Bürogebäuden und dem ausbleibenden Erfolg ihres Unternehmens. Andere kontaktierten mich, weil etwas in ihren Beziehungen schieflief, sie zum Beispiel in ihrer Partnerschaft keine Harmonie mehr spürten und sie dafür keine rationale Erklärung finden konnten.

Viele meiner Auftraggeber tun sich, wie die Eigentümer des ehemaligen Klosters, von dem ich erzählt habe, schwer, meine Hinweise anzunehmen. Oft genug haben sie bis zum Moment unserer Kontaktaufnahme schon große Mengen an Geld, Zeit und Kraft in etwas gesteckt und wenn es sich als falsch erwies, wollen sie das nicht wahrhaben. Das ist nachvollziehbar und ich kann es auch verstehen.

Andererseits bedrückt es mich, wenn Menschen beispielsweise auf dem Gelände eines ehemaligen Friedhofs leben, selbst wenn er vor vielen, vielen Jahrhunderten aufgelöst wurde. Es bedrückt mich, wenn diese Menschen lieber an diesem offenkundig belasteten Ort verweilen und weiterhin auf ein gesundes, erfolgreiches und glückliches Leben hoffen, anstatt die Konsequenzen zu ziehen und umzuziehen. Denn an einem Ort wie einem Friedhof, und mag er noch so lange keiner mehr sein, wird es immer um Zersetzung gehen, um Tod, Abschied und Verlust. Die Menschen früherer Generationen wussten sehr genau, wo sie ihre Friedhöfe errichteten. Nämlich an Orten mit genau dieser Energie.

Es gibt aber auch immer wieder Menschen, die sich von solchen Orten angezogen fühlen.

Würde ich in einem Hotel ankommen und beim Blick aus dem Fenster einen Friedhof sehen, würde ich sofort wieder auschecken. Selbst wenn ich nur eine Nacht bleiben wollte. Allein bei dem Gedanken daran bekomme ich eine Gänsehaut. Das hat simple psychische Ursachen, denn beim Blick auf einen Friedhof spielen sich im menschlichen Unterbewusstsein ganz andere Dinge ab als beim Blick auf einen Park mit Springbrunnen, Kieswegen und Blumenbeeten oder beim Blick auf einen belebten Platz mit Cafés und Geschäften. Doch um die Wirkung von Orten, an denen einmal Menschen begraben waren, wird es ein paar Seiten weiter noch ausführlicher gehen.

Ebenso bedrückt es mich, wenn Menschen auf einem ehemaligen Schlachtfeld wohnen und dort wohnen bleiben, wenn sie davon erfahren. Es bedrückt mich, wenn sie ausgerechnet an einem Ort nach Ruhe und Entspannung suchen, wo tausende Menschen gekämpft und einander massakriert haben.

Und es bedrückt mich, wenn Menschen unbeirrt in Häusern bleiben wollen, wo mir schon die umgebende nähere Natur eine Geschichte erzählt, die nicht gut für die Bewohner ist. Wenn etwa die Vegetation in Form von bemoosten Bäumen auf Wasseradern hinweist. Ein Ort, wo Katzen sich durchaus wohlfühlen mögen – meine Hündin Leya aber und alle ihrer Artgenossen würden da eher das Weite suchen.

Ich kenne einen Mann, der in Bayern in genau so einem Haus lebt. Er ist noch keine fünfzig und somit, wie man so sagt, im besten Alter. Aber ich werde das Gefühl nicht los, dass es um seine besten Jahre nicht gut bestellt ist, dass er stattdessen Jahr für Jahr immer schwächer wird. Selbst als er ein Schlangennest unter dem Haus entdeckte und ich ihm erzählte, was das laut uralter Volksweisheit über einen Ort aussagt, blieb er beharrlich dort. Es zog ihn sogar wie magisch immer wieder zu dem Haus zurück, als würde nicht mehr er das Haus besitzen, sondern das Haus ihn.

Darum sind mir jene Aufträge, wie bereits an anderer Stelle erwähnt, die liebsten, wo Menschen wissen wollen, wofür sich ein Grundstück, das sie gerade erst gekauft oder geerbt haben, eignen könnte. Ich mag diese Fälle, weil dann noch nicht so viele Hoffnungen, Erwartungen und Wünsche an einem Ort hängen. Alles ist offen und ich kann mich in aller Ruhe mit der Geschichte eines Ortes auseinandersetzen, sie mit meinem Wissen aus den alten Büchern abgleichen und eine Empfehlung entwickeln, was ich dort tun würde.

Mein allererster Auftrag kam im Jahr 2008 von einem Tourismus-Unternehmer, den mit dem Standort seines Unternehmens auch bereits eine längere Geschichte verband. Er besaß ein Herrenhaus, eine historische Villa in Friaul. Er hatte das Grundstück etwa fünf Jahre zuvor gekauft, um aus dem alten Gebäude ein nobles Bed & Breakfast zu machen.

Tatsächlich hatte er für seine Gäste eine elegante Atmosphäre mit Wow-Effekt geschaffen. Die zwei Suiten, sechs Doppelzimmer und drei kleinen Appartements waren elitär, komfortabel und geschmackvoll eingerichtet. Es gab auch einen großen Saal, den Kunden für Veranstaltungen jeder Art buchen konnten. Lorenzo, der Hotelier, hatte schließlich große Ziele. Er wollte mit seinem Hotel bei Relais & Châteaux, einer Vereinigung von Luxushotels und -restaurants Aufnahme finden.

Doch so sehr sich Lorenzo auch bemühte und so professionell er an die Dinge auch heranging, nichts funktionierte. Alle seine Bemühungen, Touristen für sein Bed & Breakfast zu begeistern, verpufften. Nur vereinzelt fanden sich Gäste ein und er verstand das nicht. Warum buchten sie nicht? Was machte er falsch? Was konnte er tun, um einem finanziellen Desaster zu entgehen?

Um Antworten auf diese Fragen zu finden, wandte er sich an mich. Ich sollte herausfinden, ob der Geist des Ortes negativen Einfluss auf seinen Geschäftsgang ausüben könnte. Seine Zeit war knapp. Ich sollte ihm so schnell wie möglich helfen, schrieb er mir. Er wolle schon im nächsten Monat endlich schwarze Zahlen schreiben und alle anderen Ursachen für seinen bisherigen Misserfolg habe er bereits ausgeschlossen.

Das Preis-Leistungs-Verhältnis stimmte, er stand mit seinem Konzept der Konkurrenz in nichts nach, sein Personal war ausgezeichnet geschult und immer freundlich, die Hygiene-Standards hielt er streng ein und die Lage des Objektes im Nordosten Italiens war ausgezeichnet. Fazit des Mannes: Der Misserfolg könne eigentlich nur noch mit dem Geist des Ortes zu tun haben.

Ich fuhr zur Besichtigung in das kleine, beschauliche Dorf mit rund 6.500 Einwohnern. Die Villa stand mitten im Ort, direkt an der Hauptstraße, die ansonsten nette Wohnhäuser und kleine Geschäfte säumten. Die Villa selbst war umgeben von einer wuchtigen, hohen, grauen Mauer, sodass ich von außen noch nichts von der Anlage sehen konnte. Ideal für all jene, die sich nach Privatsphäre und Zurückgezogenheit sehnten, dachte ich.

Als ich eingelassen wurde, offenbarte sich mir ein ausgedehnter Park mit herrlichem altem Baumbestand und dichten Hecken. Ganz hinten in der Grünanlage stand das Luxus-Anwesen in L-Form, das einen wahrlich imposanten Eindruck machte. Die Fassade war in einem satten, einladenden Rot gehalten. Ich atmete tief ein und fühlte mich sofort wohl. Ich spürte, dass sich hier die Batterien aufladen ließen.

Auch im Haus selbst stellte ich fest, dass Lorenzo mir nicht zu viel versprochen hatte. Alle Zimmer waren wunderhübsch eingerichtet. Alte Möbelstücke, die penibel und geschmackvoll restauriert waren, mischten sich mit modernen Elementen. Ich spürte in jeder Ecke des Hauses die Liebe zum Detail.

Auch die Energie, die ich in den Räumen wahrnahm, war gut. Es herrschte eine angenehme Ruhe und friedliche Stimmung, wie Urlauber es sich von ihren Hotels nur wünschen konnten. Ich jedenfalls hätte gerne meinen nächsten Urlaub hier verbracht. Ich sah mich bereits in einem der Liegestühle die frische Luft atmen, den Vögeln beim Zwitschern zuhören und meine Gedanken wie die Wolken am blauen Himmel treiben lassen.

Während ich so umherschlenderte, drängte sich auch mir die Frage auf, warum dieses Hotel nicht florierte. Das konnte doch nicht sein. Ich musste der Sache hier auf den Grund gehen. Ich war auch zuversichtlich, dass ich etwas finden würde, denn trotz allem ließ mich das Gefühl nicht los, dass hier etwas nicht stimmte.

Was war der Grund für den Misserfolg dieses wunderbaren Hotels? Ich musste in die Tiefe gehen. Vielleicht würde ich die Ursache irgendwo in der Vergangenheit finden. Ich fing an zu recherchieren.

Mithilfe von Unterlagen der Gemeinde und alten Büchern aus diversen Bibliotheken fand ich heraus, dass Adelige die Villa im 18. Jahrhundert erbaut hatten und dass sie von da an immer im Besitz anderer Adeliger gestanden war. Alle Besitzer waren Unternehmer gewesen, die mit ihren Unternehmen die Dorfbewohner mit Arbeit versorgt hatten.

So gab es zu Beginn des 20. Jahrhunderts in der Villa eine Schnapsbrennerei, die 20 Familien aus dem Ort beschäftigte. Einige von ihnen lebten sogar im Gebäude. In dieser Zeit entstand auch ein Lokal auf dem Grundstück der Villa, das bald zu einer gesellschaftlichen Institution des Dorfes wurde. Die Dorfbewohner trafen sich dort, um sich zu unterhalten und den neusten Klatsch auszutauschen.

Während des Ersten Weltkrieges war das Gebäude ein Militärkrankenhaus. Später, 1939, erwarb es zum ersten Mal eine bürgerliche Familie. Sie eröffneten das Lokal wieder und beschäftigten ebenfalls viele Menschen aus dem Dorf für ihre Landwirtschaft.

Aus alten Aufzeichnungen und Aufnahmen ging hervor, dass es die Mauer, die nun die Villa abschirmte, nie gegeben hatte. Erst der jetzige Besitzer hatte sie hochziehen lassen. Als ich mich weiter mit der Geschichte des Dorfes beschäftigte, wurde mir die Sache immer klarer.

Die Mauer. Sie musste der Störfaktor sein.

Ein Dorf lässt sich mit einem menschlichen Organismus vergleichen. Die Häuser stellen die einzelnen Organe dar.

So wie jedes Organ im Körper in Wechselwirkung mit den anderen eine bestimmte Bedeutung und Bestimmung hat, so ist es auch mit den Häusern eines Dorfes.

Die Villa war so etwas wie das Herz des Dorfes. Gewöhnlich nimmt diesen Platz die Kirche beziehungsweise der Hauptplatz vor der Kirche ein. Das ist fast allerorten gelebte Tradition. Wo die Kirche ist, ist meist auch reges Leben. Die Kirche in diesem Dorf stand jedoch am Rand des Dorfes und hatte auch keinen Platz davor, wo Leute sich versammeln konnten.

Bevor die Mauer errichtet worden war, diente der Innenhof der Villa als Dorfplatz. Ich fand alte Fotos, auf denen ich sehen konnte, dass dort tatsächlich reges Treiben geherrscht hatte. Offenbar hatten Menschen dort gescherzt, gelacht, geplaudert und getratscht. Die Gesichtsausdrücke der Menschen auf den Fotos spiegelten alle erdenklichen Emotionen wider, Freude, Überraschung, Verzückung, Bewunderung, Belustigung, Empörung und so weiter. Jung und Alt hatten sich an diesem Treffpunkt getummelt.

Ich konnte mir lebhaft vorstellen, wie das damals gewesen sein musste. Auf diesem Platz hielt man einander auf dem Laufenden und tauschte die wichtigsten Neuigkeiten und aktuellsten Geschehnisse und Gerüchte aus. Hast du schon gehört, dass die Gattin des Bürgermeisters...? Hast du gesehen, dass der Bäckersohn neuerdings...? Und jetzt muss ich dir noch erzählen, dass...

In vielen Gesprächen mit den Dorfbewohnern bestätigte sich dieser Eindruck, den die Fotos vermittelt hatten. Die meisten Einheimischen erzählten mit großer Freude von der Zeit, als es noch kein Tor zur Villa gab und drinnen im Park das Lokal. Sie erinnerten sich gerne daran zurück, wie sie mit allen anderen Dorfbewohnern im Gastgarten saßen.

Kam ich indes auf die jetzige Situation zu sprechen, verfinsterten sich die Mienen in der Sekunde und in ihren Stimmen schwangen Enttäuschung und Unmut mit. Darüber, dass der neue Hausherr die Villa vom restlichen Dorf abgeschottet hatte. Darüber, dass ihnen das soziale Miteinander so sehr fehlte.

Ich erzählte Lorenzo schließlich von meinen Erkenntnissen und Informationen, die ich im Rahmen meiner Arbeit gewonnen hatte. Für ihn war das alles neu. Immerhin war er zugezogen, hatte zuvor in einer ganz anderen Gegend gelebt. Ich ließ ihn selbst die Schlüsse daraus ziehen. So gehe ich am liebsten vor. Ich sammle Informationen, liefere Tatsachenberichte und mache auf sich wiederholende Muster aufmerksam. Aber was jemand daraus macht, ist ganz und gar seine Sache.

So wissenschaftlich und historisch akribisch ich bei meiner Arbeit auch vorgehe, immer spielt doch auch eine gehörige Portion Intuition eine wichtige Rolle, wie zum Beispiel bei dieser Villa. Ich spüre Unstimmigkeiten und gehe ihnen nach. Die Intuition hilft mir, unter die Oberfläche zu schauen.

Bei den Fakten, die ich dann liefere, spielt Intuition neuerlich eine Rolle, denn Fakten lassen sich immer auf diese oder jene Art interpretieren. Statt meine Interpretation vorzugeben, ermutige ich meine Auftraggeber deshalb lieber, auf ihre eigene Intuition zu hören und daraus eine eigene Interpretation zu entwickeln.

Das Fazit, das mein Auftraggeber aus meinen Recherchen gewann, deckte sich allerdings genau mit meinem. Die Villa gehörte zu dem Dorf wie der Hauptplatz eines Dorfes. Sie war ein lebenswichtiges Organ, das Herz des Dorfes und passenderweise auch rot. Wer die Villa vom Dorf trennte, schadete dem ganzen Organismus. Er schadete der Villa, die als Ort nicht mehr funktionierte, und dem Dorf, das kein Herz mehr hatte.

Lorenzo wollte die Mauer nicht gleich wieder abreißen, weil das mit zu hohen Kosten verbunden gewesen wäre, die er damals gerade nicht aufbringen konnte. Doch er ließ das Tor der Villa von da an immer weit offenstehen. Die Dorfbewohner waren fortan wieder herzlich im Park willkommen.

Außerdem fanden wieder regelmäßig Veranstaltungen für die Dorfbewohner im Park statt. Im Sommer etwa gab es Konzerte für jedermann. Der Besitzer verabschiedete sich von der Idee, bei Relais & Châteaux dabei zu sein, und setzte lieber auf das Thema Bodenständigkeit, um der Umgebung gerecht zu werden.

Heute gehört die Villa wieder den echten, ursprünglichen Besitzern, nämlich den Dorfbewohnern. Das Beste daran ist, dass das Hotel seither floriert. Heute trägt das Hotel eine offene, herzliche und lebendige Handschrift und genau das schätzen die Gäste.

Die Spinner

Wie Para- und Pseudowissenschaftler die moderne Diskussion über die Wirkung der Orte dominieren und was an ihren Botschaften vielleicht doch stimmt.

Das Schwarz-Weiß-Foto zeigt einen schlanken Mann mit Halbglatze um die sechzig. Die wenigen Haare, die am Unterkopf noch übrig sind, sind schneeweiß. Er trägt ein dunkles Sakko und eine weite Kniehose, dazu handgestrickte Stutzen und schwarze Lederschuhe. Über der locker sitzenden Jacke blitzt ein weißes Hemd hervor, mit einer schwarzen Fliege am Kragen. Der Mann steht augenscheinlich mitten in einem Garten. Hinter ihm sind unscharf Bäume, Sträucher und ein Haus zu erkennen. Es scheint ein sonniger und warmer Tag im Mai oder Juni zu sein. Sein Blick wirkt freundlich, aber fokussiert. In beiden Händen hält er ein Drahtgebilde, eine Wünschelrute.

Der Mann auf dem Foto, das um 1935 aufgenommen worden sein dürfte, war einer jener Menschen, die sich ihrem Bedürfnis hingegeben haben, das Wissen über die Wirkung der Orte zurück in das kollektive Bewusstsein zu bringen. Er hieß Gustav Freiherr von Pohl und war ein deutschsprachiger Naturforscher, Brunnensucher und Wünschelrutengänger.

Darüber hinaus ist wenig über ihn bekannt, außer dass er im Alter von 65 Jahren an Tuberkulose starb. Doch nicht einmal seine letzte Ruhestätte, nach der Journalisten des Bayerischen Rundfunks einmal suchten, existiert noch.

2007, also 69 Jahre nach seinem Tod, wurde der Friedhof der bayrischen Stadt Dachau aufgelöst. Bis dahin lag er dort gemeinsam mit seiner Gattin Anneliese Freifrau von Pohl begraben.

Dabei hat dieser Mann in Bayern für enormes Aufsehen gesorgt. In Vilsbiburg, einer Stadt mit rund 12.000 Einwohnern im niederbayrischen Landkreis Landshut, ist er sogar nach wie vor eine echte Institution. Deshalb stößt, wer seinen Namen googelt, rasch auf ein weiteres Bild von ihm. Er steht darauf im Dezember 1928 mit fünf anderen Männern in einer schneebedeckten Landschaft. Bei diesen Männern handelte es sich um seinerzeit prominente Vilsbiburger, den Marktrat Karl Schöx, den Zeitungsredakteur Anton Feistle, den Bürgermeister Josef Brandl und das Brüderpaar Hans und August Urban.

Das Foto dokumentiert ein Experiment, das einst landesweit für Aufruhr sorgte und das, zumindest in Vilsbiburg, bis heute polarisiert. Die einen feiern den Freiherrn von Pohl dafür als Genie, die anderen kritisieren ihn als Scharlatan und Lügner.

Im Jänner 1929 hatte er das Dorf in Niederbayern für ein ganz spezielles Projekt ausgewählt. Er wollte belegen, dass alle Menschen, die dort in den zehn Jahren zuvor an Krebs verstorben waren, in Häuser gelebt hatten, die auf Wasseradern gebaut waren.

Im Vorfeld hatte Pohl den Auftrag erhalten, für die in Vilsbiburg ansässige Brauerei Wasser zu suchen. Dabei hatte er aufsteigende Feuchtigkeit im Mauerwerk einiger Häuser bemerkt. Als erfahrener Rutengänger hatte er dies auf unterirdische Wasseradern zurückgeführt.

Bewohner von Häusern auf Wasseradern sind anfälliger für Krankheiten, glaubte er, und Vilsbiburg bot zur Überprüfung dieser These perfekte Voraussetzungen: Die damals rund 3.300 Bewohner wechselten nur selten ihre Häuser oder Wohnungen und die Fälle von Krebserkrankungen waren eindeutig dokumentiert.

Der Vilsbiburger Gemeinderat genehmigte von Pohls Experiment offiziell, nachdem er zuvor eine Prüfung bestanden hatte. Er musste mit seiner Wünschelrute fünf Stellen lokalisieren, an denen regelmäßig Blitze einschlugen, was ihm gelang.

Unter der strengen Aufsicht des Gemeinderats und in der Anwesenheit des Bürgermeisters und eines Polizeikommissars führte er schließlich seine Untersuchung durch, bei der er die krankmachenden Zonen des Dorfes identifizieren sollte. Die Aufregung in der Bevölkerung war groß und das Ganze wurde ein regelrechter Event in dem sonst so beschaulichen Ort, dessen größte Sehenswürdigkeit die Stadtpfarrkirche Mariä Himmelfahrt aus dem 15. Jahrhundert ist.

Die Auflagen für Pohls Untersuchungen waren streng. Der Stadtrat wollte sichergehen, dass alles mit rechten Dingen zuging, schließlich war von Pohls Handwerk, das Wünschelrutengehen, schon damals einigermaßen umstritten. So war es dem Freiherrn verboten, mit irgendjemandem im Dorf zu sprechen, damit er sich nicht auf diesem Weg zweckdienliche Informationen beschaffen konnte.

Von Pohl zog ungeachtet dieses Misstrauens mit seiner Wünschelrute durch das Dorf und zeichnete auf eine Karte die Wasseradern ein, die er entdeckte. Die Männer, die ihn begleiteten, verfolgten konzentriert sein Tun und achteten darauf, dass er nicht schummelte. Niemand aus dem Dorf sollte ihm zweckdienliche Informationen zustecken können. Währenddessen erstellte der Bezirksarzt eine genaue Liste der in den vergangenen Jahren an Krebs verstorbenen Patienten. Sie umfasste am Ende 54 Namen.

Schließlich verglichen Pohl und der Arzt ihre Resultate miteinander. Das Ergebnis muss ein schwerer Schlag für die Kritiker des Experiments gewesen sein, denn im amtlichen Protokoll, das heute im Stadtarchiv von Vilsbiburg liegt, steht, »dass Freiherr von Pohl der Nachweis, dass Todesfälle an Krebs ausnahmslos in Häusern, beziehungsweise Zimmern, beziehungsweise Betten erfolgten, die über besonders starken unterirdischen Wasserläufen stehen, im vollsten Maße gelungen ist«.

Freiherr von Pohl publizierte sein Fazit schließlich im Jahr 1930 in der Zeitschrift für Krebsforschung. Zwei Jahre später brachte er ein Buch mit dem Titel *Erdstrahlen als Krankheits- und Krebserreger* heraus.

Die Schulmedizin reagierte heftig auf von Pohls Behauptungen und Experimente, ganz anders als seine Anhänger. Von Pohl schreibt dazu in seinem Buch: »Über meine Untersuchungen und Befunde habe ich mich selbstverständlich (...) mit befreundeten Ärzten unterhalten, ich fand aber bei keinem einzigen Verständnis und Interesse für meine Beobachtungen. Immer wieder wurde mir vorgehalten, es müsse sich um Zufälle handeln. Ich habe mich (...) niemals beirren lassen.«

Gustav Freiherr von Pohl machte wohl einen Fehler, zu dem viele Menschen, die aus durchaus guten Gründen auf die Wirkung von Orten verweisen, neigen. Aus missionarischem Eifer oder bisweilen vielleicht auch aus Geltungssucht begeben sie sich auf die Ebene ihrer Gegner und argumentieren wissenschaftlich, wo es keine oder zu wenige wissenschaftlich belastbaren Fakten gibt.

So etwa stellte Pohl in seiner Studie die Wasseradern als einzige und ultimative Ursache für die letal verlaufenen Krebserkrankungen dar, was natürlich nicht der Fall ist. Viel zu viele andere Faktoren, wie der Lebensstil oder genetische Dispositionen, spielen dabei eine Rolle. Womit er, wie viele andere Missionare, seiner Sache mehr schadete als nutzte.

Würden diese »Spinner« ihre Ergebnisse als das darstellen, was sie sind, als wissenschaftlich eben nicht objektivierbare Hinweise darauf, dass es neben der wissenschaftlichen Ebene noch eine zweite gibt, die ebenfalls wertvolle Hinweise zu produzieren in der Lage ist, hätten sie nicht nur der Sache, sondern auch vielen Menschen eher gedient. Immerhin handelt es sich um Hinweise, die Krankheitsverläufe oder andere scheinbar schicksalshafte Ereignisse einzuordnen helfen.

Der Arzt Otto Bergsmann, der sechzig Jahre später eine ähnliche Studie durchführte, vermied es tunlichst, diesen Fehler zu begehen. Bergsmann war Lungenfacharzt und

Dozent an der Universität Wien und konnte es sich schon deshalb nicht leisten, mit fragwürdigen oder gar pseudowissenschaftlichen Praktiken in Verbindung gebracht zu werden. Gemeinsam mit mehreren anderen Ärzten gründete er 1988 die Wiener Internationale Akademie für Ganzheitsmedizin, die bis heute existiert.

Das Leitbild dieser Gesellschaft ist damals wie heute dasselbe. Sie will medizinisches Wissen mit Komplementärheilkunde verbinden, die Vorteile beider Richtungen miteinander kombinieren und dafür eine vorurteilsfreie Diskussionsbasis schaffen. Wie andere Institutionen auch betrachtet sie Wissenschaft und Spiritualität nicht als Gegensätze, sondern als zwei Disziplinen, die miteinander verbunden sind.

Gemeinsam mit einer Gruppe anderer Ärzte führte Bergsmann von September 1987 bis Dezember 1988 eine Studie unter dem Titel »Nachweis geopathogener Standorteinflüsse auf den Menschen« durch. Er wollte damit wissenschaftlich klären, ob beziehungsweise welche Auswirkungen Orte auf den menschlichen Organismus und die menschliche Gesundheit haben. Dabei ging es um so genannte Reizzonen, also um Orte mit geologischen Besonderheiten, die tendenziell schädlich auf uns wirken. Die Wohnbau-Forschungs-Fonds des österreichischen Bundesministeriums für wirtschaftliche Angelegenheiten förderten die Studie.

Bergsmann und sein Team nahmen dazu insgesamt 6.943 Untersuchungen an 985 Probanden im Alter zwischen 20 und 35 Jahren vor. Ein Teil von ihnen war klinisch gesund, der andere Teil bestand aus Patienten einer Ambulanz für physikalische Therapie, eines Rehabilitationszentrums und eines Arztes.

Der Ablauf des Experiments war immer derselbe. Die Testpersonen hielten sich zunächst 15 Minuten auf einem neutralen Platz auf. Danach begaben sie sich für weitere 15 Minuten auf einen anderen Platz, der als so genannte Reizzone kategorisiert war. Von dort gingen sie weiter an einen dritten Platz, an dem sie ebenfalls 15 Minuten blieben und der wieder ein neutraler Platz war.

Die Probanden wussten nicht, auf welchem Platz sie sich zu welchem Zeitpunkt befanden. Auch das Team, das die Experimente durchführte, wusste das nicht. So wollte Bergsmann vermeiden, dass weder die Probanden noch die Wissenschaftler unter dem Einfluss ihrer bewussten oder unbewussten Erwartungen standen. Ein klassischer Doppelblindversuch also, wie dieses Verfahren in der Wissenschaft heißt.

Um zu sehen, ob beziehungsweise wie der Organismus der Probanden auf die unterschiedlichen Orte reagiert, dokumentierte Bergsmann mit seinem Team die Veränderungen von insgesamt 24 Parametern, zu denen etwa der Serotoninspiegel im Blut oder der elektrische Widerstand der Haut gehörten. Auch etwas, das den langen Namen Blutkörperchensenkungsgeschwindigkeit trägt, ließ er messen. Dieser Wert gibt an, wie schnell die roten Blutkörperchen einer Blutprobe innerhalb einer Stunde in einem speziellen Röhrchen absinken. Abweichungen von den Normwerten

lassen hier unter anderem auf Entzündungen, Organschä-
den und Tumorerkrankungen schließen.

Bei der Auswertung der Studienergebnisse zeigte sich,
dass sich Reizzonen tatsächlich schwächend auf den Körper auswirkten und das schon bei einem Aufenthalt von nur
einer Viertelstunde. Ein Ergebnis ragte besonders heraus.
Sechs Probanden mit schwachem Kreislauf zeigten bei einem Herz-Kreislauftest in einer Reizzone bereits nach wenigen Minuten ein ernstzunehmendes Kollapsrisiko. Um kein
weiteres Risiko einzugehen, musste Bergsmann diesen Teil
der Untersuchung sogar vorzeitig abbrechen.

Außerdem zeigten sich bei der Studie Veränderungen in
der Muskelspannung der Probanden, wenn sie Reizzonen
betraten. Sie war dort unnatürlich hoch, selbst bei durchge-
hend minimaler tatsächlicher Belastung der Muskeln.

Bergsmann stellte zudem fest, dass die Probanden in
Reizzonen auch mehr Serotonin als gewöhnlich verbrauch-
ten, weil ihr Organismus dort unter besonderem Stress
stand. Serotonin ist auch als Glückshormon bekannt. Zu
wenig davon im Körper kann zu Schlafmangel, innerlicher
Unruhe und Depressionen führen.

Anomalien im Serotoninspiegel stehen auch in Zusammenhang mit dem Phänomen des plötzlichen Kinds-
todes, wie eine Studie der Harvard-Medizinerin Hannah
Kinney aus dem Jahr 2006 zeigte. Diese groß angelegte
Untersuchung ergab, dass etwa ein Drittel aller Kinder, die
im ersten Lebensjahr aus unerklärlicher Ursache starben,
Anomalien bei ihrem Serotoninwert im Blut aufwiesen.

Noch ist der Grund für diese Anomalien ungeklärt, doch es drängt sich die Frage auf, ob der Ort, an dem die Babys schliefen, eine Rolle gespielt haben könnte. Es wäre zweifellos sinnvoll, hier weiter zu forschen.

Bergsmann fasste seine Untersuchung abschließend so zusammen: »Die Standortwirkung löst (...) keinen Vorgang aus, der unbedingt zu Krankheiten führen muss. Sie ist eher ein Risikofaktor, der die Wirkung verschiedener pathogener Faktoren verstärken kann, etwa die Wirkung von Umweltgiften, Überernährung, psychosozialen Stressoren, chronischen Belastungen, genetisch bedingten Schwachstellen und physikalischen Umweltstressoren.« Vorbelastete und kranke Menschen würden dabei stärker auf Störzonen reagieren als gesunde, so Bergsmann.

Das würde bedeuten, dass die Wirkung von Orten, an denen wir uns die meiste Zeit aufhalten, also vor allem unser Schlaf- und unser Arbeitsplatz, unsere körperlichen Sollbruchstellen belastet. Ein Ortswechsel könnte damit logischerweise keine medizinische Behandlung ersetzen, sie aber durchaus unterstützen und ergänzen. Er könnte darüber hinaus, je nach Zeitpunkt, den Ausbruch einer Krankheit, für die wir veranlagt sind, verhindern.

Noch etwas schrieb Bergsmann in die Zusammenfassung seiner Untersuchung. Störzonen können die für die Gesundheit wesentlichen Selbstregulationsmechanismen des Körpers blockieren, und zwar umso eher, je schwächer sie bereits sind. Seine Empfehlung war letztendlich so einfach wie eindeutig. Er riet davon ab, sich an Plätzen mit geologischen Anomalien aufzuhalten, weil sie eine zusätzliche Belastung für unseren Organismus darstellen.

Es gab allerdings auch Kritik an seiner Studie. Dabei ging es um die Auswahl der Reizzonen für die Untersuchung. Wie hatte er festgestellt, dass an diesen Orten geologische Anomalien vorliegen? Er hatte sich der Radiästhesie bedient, also einer Lehre, die im wissenschaftlichen Kontext keineswegs anerkannt ist, wie schon der betont relativierende Wikipedia-Eintrag dazu belegt.

»Radiästhesie (auch Radioästhesie; von lateinisch radius, ‚Strahl‘ und griechisch aisthesis ‚Sinneswahrnehmung‘) ist die Lehre von angeblichen Strahlenwirkungen auf Organismen«, heißt es darin. »Die Untersuchung der Strahlen und deren Auswirkungen geschieht mittels einer paranormalen Strahlenfühligkeit beziehungsweise Strahlenempfindlichkeit, die feinfühlige Menschen nach Annahme ihrer Anhänger besitzen sollen. Die dabei postulierten Strahlungen sind ebenso wenig nachgewiesen wie deren Wahrnehmung durch Lebewesen. Des Weiteren werden diese angeblichen Strahlen in keiner Weise klassifiziert. Die Radiästhesie wird, wo sie wissenschaftlichen Anspruch erhebt, den Parawissenschaften oder Pseudowissenschaften zugeordnet.«

Da die Auswahl der Reizzonen also mit wissenschaftlich nicht anerkannten Methoden erfolgt war, verweigerte die Wissenschaft Bergsmanns Untersuchung die Anerkennung, was aus wissenschaftlicher Sicht nur logisch war.

Krankheit als Standortproblem

Vor allem in den 1980er-Jahren gab es Versuche, der Radiästhesie und den Beiträgen, die sie etwa zur Stadtplanung oder zur Gesundheitspolitik leisten könnte, einen höheren Stellenwert einzuräumen. So etwa erschien 1986 der zweite Teil des Buches *Krankheit als Standortproblem*, dessen erster Teil 1964 publiziert worden war. Autor war Ernst Hartmann, der mehr als 40 Jahre lang als praktischer Arzt wirkte.

Im Zweiten Weltkrieg war Hartmann als Stabsarzt in amerikanische Gefangenschaft geraten. Nach seiner Freilassung hatte er in Eberbach am Neckar eine Praxis eröffnet. Schon als Student hatte er die Beobachtung gemacht, dass in manchen Krankenhausbetten mehr Menschen starben als in anderen, und vermutet, dass dies mit dem Ort zu tun hatte, an dem sie aufgestellt waren.

Neben seiner Tätigkeit als Arzt widmete er sich gemeinsam mit seinem Bruder Robert daraufhin der Geobiologie und der Radiästhesie. Seine Auswertung von Patientendaten, die er selbst gesammelt hatte, legte schließlich für ihn tatsächlich einen Zusammenhang zwischen Wasseradern und Todesfällen nahe.

Im Rahmen dieser Untersuchung prägte er den Begriff der »Ortswechselreaktion«. Damit bezeichnete er eine Änderung der Befindlichkeit von Patienten, die an einen anderen Platz wechselten.

Gemeinsam mit seinem Bruder entwarf er in der Folge ein Modell von magnetischen Gitterstrukturen, das als

Hartmann-Netz in die Geschichte der Grenzwissenschaften einging. Laut seinem Erfinder hat es eine Maschenweite von 2 mal 2,5 Metern und verläuft entlang der Haupthimmelsrichtungen Nord-Süd, Ost-West.

Treffen die Linien der Netze aufeinander, so die Erfinder, entsteht an diesen Knotenpunkten eine besonders starke Energie, mit der der menschliche Organismus nicht zurechtkommt. Somit identifizierte Hartmann diese Knotenpunkte und Linien, die sich wie unsichtbare Wände nach oben ziehen, als gefährlich für die Gesundheit.

Hartmann war nicht der Erste, der ein derartiges Netz über den Planeten spannte. Das tat vor ihm bereits der deutsch-amerikanische Arzt, Buchautor und passionierte Segler Manfred Curry. Curry lebte lange Zeit seines Lebens in Riederau, einem Ortsteil von Dießen am Westufer des Ammersees, wo er Mitte der 1940er-Jahren das American Bioclimatic Research Institute gründete.

Curry arbeitete ständig an seinen Booten. Er entwarf Rümpfe nach aerodynamischen und hydrodynamischen Gesichtspunkten, bastelte an neuen Schnitten für Segel und entwickelte die sogenannte Curry-Klemme, eine Vorrichtung zum schnellen Festklemmen und Lösen von Schoten. Sein Erfinder- und Entdeckergeist waren enorm. Und so prägte er auch die Radiästhesie mit, für die er ebenfalls brannte. Das von ihm identifizierte Curry-Netz zieht sich entlang der Zwischenhimmelsrichtungen Südost, Südwest, Nordost und Nordwest mit einer Maschenweite von 3,5 mal 3,5 Meter.

Sowohl Hartmann als auch Curry glaubten, dass ihre Netze atmen, ihre Formen also flexibel und in ständiger, wenn auch minimaler Bewegung sind. Diese Bewegungen hängen gemäß ihren Einschätzungen von anderen Naturphänomenen, wie Mondphasen, Erdbeben oder bestimmten Mond- und Sonnenkonstellationen, ab.

Hartmann, Curry und die Anhänger ihrer Theorien sahen die Existenz der Netze etwa durch das Verhalten von Tieren und Pflanzen belegt. So berichten etwa Verfechter der Curry- und Hartmanntheorien, Ameisen würden bevorzugt an Currylinien ihre Straßen bauen. Imker wiederum berichten, dass ihre Bienen – sofern sie die Stöcke an besonders »bestrahlten« Plätzen aufstellen – bis zum Doppelten der üblichen Honigmenge produzieren (eine detaillierte Liste der Strahlensucher und Strahlenflüchter in Flora und Fauna finden Sie im Anhang).

Dabei würden bereits beim Standort ein oder zwei Meter in diese oder jene Richtung eine entscheidende Rolle spielen. Auch Elche und Wildschweine zählen zu den Strahlensuchern. Ebenso bestimmte Forstschädlinge aus der Welt der Käfer. Sie alle, heißt es, fühlen sich von Plätzen mit für Menschen negativer Energie angezogen.

Während das Verhalten der Tier- und Pflanzenwelt und die sich daraus ergebenden Rückschlüsse auf die Wirkung von Orten auch als unwissenschaftlicher Volksglaube weitgehend akzeptiert ist, waren Hartmanns und Currys Netze selbst in den für diese Themen offenen 1980er-Jahren umstritten. Inzwischen gelten sie als wissenschaftlich widerlegt.

1989 erschien dann das Werk *Erdstrahlen? Der Wünschelruten-Report – Wissenschaftlicher Untersuchungsbericht*. Ihm zugrunde lag ein Projekt, das das damalige deutsche Bundesministerium für Forschung und Technologie unterstützte. Dort lief es unter dem komplizierten Titel »Errichtung und Betrieb von Testanordnungen mit künstlichen variablen Feldern niedriger Energie zum Studium der Reaktionen in biologischen Makrosystemen«.

Kurz gesagt wollten die Initiatoren des Projektes wie einst die Vilsbiburger Stadtregierung prüfen, ob sich die Fähigkeiten der Wünschelrutengänger auch statistisch belegen lassen. Die beiden Physiker Herbert L. König von der Technischen Universität München und Hans-Dieter Betz von der Ludwig-Maximilians-Universität München leiteten das Projekt, das zweieinhalb Jahre dauerte und an dem 500 Rutengängerprofis und Laien beteiligt waren.

Die Physiker fassten ihre Ergebnisse so zusammen: »Insgesamt legen unsere Ergebnisse den Schluss nahe, dass mache Menschen offenbar über noch nicht bekannte Sinneskanäle für die Ortserkennung verfügen. Aber die durchschnittliche Treffwahrscheinlichkeit in einzelnen Experimenten muss als gering eingestuft werden.«

Insgesamt bedeutet das: Die Ergebnisse, die Rutengänger liefern, sind der Wissenschaft zu ungenau und zu wenig. Immerhin sind sie aber eindeutig genug, um nicht als Zufallstreffer zu gelten, sondern die Frage nach der individuellen Strahlenfühligkeit von Menschen aufzuwerfen.

Zaghafte wissenschaftliche Versuche

Inzwischen sind die modernen Versuche, die Wirkung von Orten wissenschaftlich nachzuweisen, selten geworden, aber sie reißen nie ganz ab. Einen davon unternahm im Jahr 2007 das Europäische Zentrum für Umweltmedizin in der niederösterreichischen Hauptstadt St. Pölten mit einem Experiment. Es ergab ziemlich eindeutig, dass es sowohl unseren Schlaf als auch unsere Gesundheit beeinflusst, wenn unser Bett auf einer so genannten Reizzone steht.

Unter dem Titel »Geopathogene Zonen im Wohnbereich und Stress« führten die Wissenschaftler Brigitte Konta, Wilhelm Frank und Engelbert Dechant das Experiment durch. 103 Probanden waren involviert, 51 Männer und 52 Frauen im Alter zwischen zwölf und 74 Jahren. Wie in den Studien von Otto Bergsmann wurden die Probanden an neutralen Orten und an Reizzonen untersucht. Dieses Mal blieben sie allerdings nicht nur 15 Minuten an diesen Orten, sondern übernachteten dort.

Zuerst schliefen alle in den Reizzonen. Nach zwölf Wochen wurden bei der Hälfte der Testpersonen die Betten umgestellt. Das Ergebnis: Bei jenen, die jetzt neutralen Boden unter sich hatten, kam es bei 95,8 Prozent zu einer Verbesserung der Blutwerte. Sie hatten außerdem weniger Rückenschmerzen, fühlten sich entspannter, erholter und konnten sich leichter konzentrieren.

Welche Schlussfolgerungen lassen sich aus all dem ziehen? Ist es eine Frage des Glaubens, ob wir auf die naturwissenschaftlich so schwer erfassbare Wirkung von Orten reagieren oder sie ignorieren? Ich glaube nicht. Ich glaube, dass es letztlich eine Frage der Vernunft ist, denn ich halte die Entscheidung, dass nur sein kann, was die Wissenschaft dokumentieren kann, wie schon angedeutet, letztlich auch aus wissenschaftlicher Sicht für unvernünftig.

Dass sie, die Wissenschaft, noch nicht alles weiß, das es zu wissen gibt, ist evident. Sonst könnte sie ihren Betrieb einstellen. Dass die menschliche Intuition und die menschliche Fähigkeit, Muster zu erkennen und Schlüsse daraus zu ziehen, der Wissenschaft voraus sein kann, ist ebenso evident. Es geht also darum, auf die eigene Intuition, die eigene Wahrnehmung zu achten, vorliegende Informationen sorgsam zu analysieren und dann eigene Entscheidungen zu treffen, ungeachtet der Zurufe von wem auch immer.

Vor allem wenn es um das Bett geht, halte ich es für vernünftig, es umzustellen, auch bloß auf eine mögliche negative Wirkung des Ortes hin. Oder wäre es etwa vernünftig, ein völlig unnötiges Risiko einzugehen, egal wie groß oder klein es sein mag?

Meine Mutter war damals stur genug dafür, was ich bis heute bedauere, ohne zu wissen, ob sie länger gelebt hätte, wenn sie damals dem Ratschlag des Rutengängers gefolgt wäre. Doch ich denke, dass die Offenheit gegenüber rational schwer erklärbaren Phänomenen gewachsen ist und sich niemand jetzt noch der Lächerlichkeit preisgibt, wenn er darauf reagiert, weder vor sich selbst noch vor anderen.

Beim Bett ist diese Art von Vernunft aus zwei Gründen noch wichtiger als zum Beispiel am Arbeitsplatz: Wir liefern der Wirkung des Ortes liegend eine größere Angriffsfläche und im Schlaf ist unser Körper auch besonders aufnahmefähig. Vor allem aber verweilen wir mehrere Stunden am Stück am selben Platz, wenn wir schlafen, und sind der Energie des Ortes daher sehr lange ausgesetzt. Letzteres auch deshalb, weil die Haut nachts weniger Spannung aufweist. Genau aus diesem Grund wirken auch Cremen, die wir vor dem Zubettgehen auftragen, intensiver. Die Haut nimmt die Wirkstoffe schneller auf. Im Schlaf sind wir offener, im wörtlichen Sinn, auch für die Wirkung der Orte.

Der Bauernhof

Südtirol. Ein Dorf mit 200 Einwohnern, eingebettet in eine Berglandschaft. Im Sommer zieht dieser Landstrich mit seinen saftigen Almwiesen, wo Rinder und Schafe träge weiden, Wanderer in beträchtlicher Zahl an. Eine Frau aus dem Dorf hatte mit mir Kontakt aufgenommen. Sie war Ende fünfzig und besorgt, weil es ihrem Bruder, der einen Bauernhof besaß, gesundheitlich nicht gut ging. »Er ist schon seit einigen Jahren krank und sein Zustand verschlechtert sich laufend«, schrieb sie mir. »Die Ärzte sind ratlos. Sie sind unsere letzte Hoffnung.«

Bei solchen Anfragen bin ich immer besonders vorsichtig. Das Vertrauen, das mir meine Auftraggeber entgegenbringen, bedeutet auch Verantwortung und manche erwarten sich schlichtweg zu viel. Vielen muss ich erst klarmachen, dass ich nicht zaubern kann. Ich kann keine Krankheiten heilen, so sehr ich es mir auch wünschen würde. Ebenso wenig kann ich Beziehungen retten oder die Energie eines Ortes mit einem Fingerschnips verändern. Ich kann wie gesagt nur Informationen beschaffen, an denen sich Menschen bei ihren ganz persönlichen Entscheidungen orientieren können.

»Mir ist klar, dass Sie keine Wunder vollbringen können«, erwiderte die Frau am Telefon, als wir einen Termin für ein Treffen vereinbarten. »Ich möchte nur alle Möglichkeiten nutzen, meinem Bruder zu helfen. Vielleicht finden wir ja mit Ihrer Hilfe heraus, was hier nicht stimmt.«

Als ich einige Wochen später in das Dorf fuhr, verliebte ich mich sofort in die ländliche Umgebung. Der Hof, in dem der Bruder meiner Auftraggeberin lebte, lag gleich bei der Ortseinfahrt. Vom Garten aus fiel mein Blick auf eine kantige Berglandschaft.

Der Hof selbst war in gutem Zustand. Offenbar war er erst jüngst renoviert worden. Er hatte nach einer Seite eine gläserne Fassade, aber sie fügte sich harmonisch in das Ensemble ein. Im Erdgeschoss betrieb der Mann eine Gastwirtschaft, die er von seinen Eltern übernommen hatte, und im oberen Stockwerk lebte er selbst. Neben dem Wohnhaus stand ein weiteres Gebäude, ein ehemaliger Stall, der jetzt als Werkstatt diente.

Die Geschichte des Bauernhofs war relativ jung. Die Eltern des kranken Mannes hatten ihn errichtet und um die Gastwirtschaft erweitert, weil es dem Dorf damals an einem gesellschaftlichen Treffpunkt gefehlt hatte. Die Gastwirtschaft kam bei den Menschen gut an. Man traf sich regelmäßig auf Kaffee und Kuchen und zum Karten spielen. Auch Wanderer kehrten ein, um bei Speis und Trank neue Energie zu tanken. Am meisten los war jedoch beim jährlichen Kirchtag. Da gab es keine Sperrstunde. Waren alle schon entsprechend ausgelassen, drehten die Wirtsleute die Musik laut auf und die Gäste tanzten zu deutscher Volksmusik im Garten.

Als die Eltern irgendwann nicht mehr konnten, übernahm der älteste Sohn, der Bruder meiner Auftraggeberin, den Betrieb. Bis vor drei Jahren lief alles reibungslos, doch dann fingen die Probleme an. Die Gastwirtschaft florierte nicht länger wie gewünscht, Eheprobleme stellten sich ein, seine Frau verließ ihn und schließlich diagnostizierten die Ärzte Leukämie.

Wieso auf einmal diese Fülle an Schicksalsschlägen? War das einfach nur Pech? Zufall? Oder gab es einen tieferen Grund dafür, einen unbekannten Auslöser?

Ich mischte mich unter die Einheimischen und suchte das Gespräch. »Ja früher, die Wirtin und der Wirt, das waren nette Leute«, erzählten sie mir, alle mit einem milden Lächeln. »Auch ihr Sohn ist ein toller Gastgeber.«

Schnell zeigte sich, dass alle die Familie wie auch den Betrieb ausschließlich positiv bewerteten. »Wir waren schon länger nicht mehr dort«, ergänzten viele. »Wir könnten ja wieder einmal auf eine Jause ...«

Was steckte dahinter? Warum blieben so viele Gäste aus, wenn sich das Wirtshaus so großer Beliebtheit erfreute?

Ich fragte so lange weiter, bis irgendwann ein Satz fiel, der mich aufhorchen ließ. »Vor drei Jahren hat der Sohn die Terrasse vergrößert«, erzählte mir einer der Nachbarn beiläufig.

Weniger der Umbau selbst ließ mich aufhorchen als der Umstand dieser zeitlichen Synchronität. Vor drei Jahren nämlich hatten all die Probleme angefangen.

Als ich wieder zurück auf dem Bauernhof war, bat ich den Mann, mir Fotos von früher zu zeigen. Aus einem alten Schrank mit bemalter Tür holte er Fotos, die noch seine Eltern gemacht hatten. »Das war ich bei meiner Erstkommunion«, sagte er und zeigte mir ein Bild in schwarz-weiß. Darauf war ein Bub in kurzen Lederhosen und weißen Stutzen zu sehen. Vor seiner Brust hielt er eine weiße Kerze. Daneben stand ein Mann, der offenbar sein Taufpate war, ihm die Hand auf die Schulter legte und sehr stolz dreinblickte.

»Das hier sind meine Eltern«, sagte er und deutete auf ein anderes Foto. Es zeigte ein fröhliches Paar, das an diesem Tag offensichtlich wandern war. Eng umschlungen standen die beiden neben einem Wildbach und lachten in die Kamera.

»Hier haben wir das, wonach Sie mich gefragt haben«, sagte er schließlich. »Das war die Terrasse vor dem Umbau.«

Auf dem Foto war es Winter. Die Terrasse und der Garten waren weiß vom Schnee. Das Bild belegte, dass es die gläserne Fassade nicht immer in dieser Form gegeben hatte. Dafür hatte es im ersten Stock einen Balkon gegeben, der dem Umbau zum Opfer gefallen war. Nichts davon hielt ich für bedeutungsvoll. Etwas anderes allerdings interessierte mich. »Was ist mit dem Baum passiert?«, fragte ich den Wirt. Auf dem Bild war rechts von der Terrasse eine prächtige, jahrhundertealte Ulme zu sehen.

»Ach, den haben wir gefällt«, sagte er. »Aus einem Teil des Holzes habe ich mir ein Kruzifix schnitzen lassen. Den Rest haben wir zum Heizen mit dem Kachelofen verwendet. Wieso? Ist das ein Problem? Er stand im Weg, als wir die Terrasse erweitern wollten. Wir mussten ihn fällen. Wir waren immer ausgebucht und brauchten Platz für mehr Tische. Das hätten wir uns sparen können. Wir brauchen nicht einmal mehr die Tische, die wir ursprünglich hatten. Was für eine Ironie, nicht wahr?«

Ich sprach mit ihm über die Bedeutung von Bäumen in unserem Lebensraum. Sie erfüllen wichtige Aufgaben. Sie stellen Sauerstoff her, bremsen den Klimawandel, indem sie CO_2 binden, filtern jährlich bis zu hundert Kilo Staub aus der Luft und bieten vielen Tieren Lebensraum und Nahrung.

Ich hätte ihm stundenlang erzählen können, was Bäume Gutes für uns tun. »Unter anderem dürften sie uns auch vor Bodenstrahlungen schützen, wie sie etwa von unterirdischen Wasseradern ausgehen könnten. Vor Strahlen also, die unserem Organismus ziemlich sicher schaden. Auch deshalb ist es so wichtig, Bäume zu schützen.«

»Worauf wollen Sie hinaus?«, fragte er.

»Ich vermute, dass Sie mit dem Fällen der alten Ulme ein bestehendes, gut funktionierendes System durcheinandergebracht haben. Statt dem unsichtbaren Gleichgewicht, das hier einmal geherrscht hat, herrscht jetzt ein ebenso unsichtbares Chaos. Beides hatte beziehungsweise hat Folgen. Das Gleichgewicht kann dazu beigetragen haben, dass alles im Grunde gut war. Das Chaos kann dazu beitragen, dass alles schiefgeht.«

Er schüttelte den Kopf. »Wollen Sie mir sagen, dass mich das Fällen eines Baumes ins Unglück gestürzt hat? Das soll ich glauben?«

»Ich schlage vor, wir holen einen Geologen, der überprüft, was unter dem Haus ist und ob er unterirdische Störungen erkennt.«

Der Geologe fand heraus, dass es unter dem Bauernhof geologische Brüche gab. Aus diesen Öffnungen traten radioaktive Strahlungen aus. Seiner Analyse nach handelte es sich hierbei vorwiegend um Radium- und Gammastrahlen. Die Ulme hatte bis zu dem Zeitpunkt, an dem sie gefällt wurde, diese radioaktiven Strahlungen aufgenommen. Sie diente quasi als Schutzschild. Jetzt, wo der Baum nicht mehr da war, waren alle, die sich an diesem Ort aufhielten, der schwächenden Strahlung ungefiltert ausgeliefert, fühlten sich in der Umgebung nicht mehr wohl, kamen daher seltener oder blieben ganz aus.

»Wirklich?«, sagte der Mann. »Bäume nehmen Strahlen auf? Neutralisieren sie sozusagen?«

Ich erzählte ihm, dass laut jüngsten Untersuchungen die Kraft von Funknetzmasten umso stärker abnimmt, je mehr Bäume ihnen im Weg stehen. Besonders rund um den neuen Mobilfunkstandard 5G gäbe es viele Diskussionen, ob Bäume die Sendereichweite stören würden.

»Und jetzt?«, fragte mich der Mann in einer Mischung aus Panik und absoluter Planlosigkeit.

»Den Baum zu fällen, war meiner Meinung nach leider ein schwerer Fehler«, sagte ich. »Sie können auch nicht einfach einen neuen pflanzen. Damit Bäume eine so beachtliche Größe wie diese Ulme erreichen, muss bekanntlich sehr viel Zeit vergehen. Wir sprechen hier von Hunderten von Jahren.«

Ich erzählte ihm, dass etwa die Stadt Wien im Jahr 1974 ein Baumschutzgesetz für Wien erließ. Dieses Gesetz gilt ab einem Stammumfang von vierzig Zentimetern. Ausgenommen seien nur Obstbäume, Bäume in Kleingärten und in Forsten. »Ich finde das sehr beruhigend«, sagte ich, »auch wenn der Stadtregierung die Rolle solcher Bäume beim Strahlenschutz wahrscheinlich gar nicht bewusst war.«

Er stand auf und lief aufgeregt um den Küchentisch herum. »Heißt das, dass hier alles verloren ist?«

»Es ist schwierig«, sagte ich. »Sie finden viele Angebote, wie sich solche Strahlungen auf technischem Weg neutralisieren lassen, aber Achtung – da gibt es jede Menge Scharlatanerie und ich selbst kenne mich mit der Materie nicht aus. Ich kann mir schwer vorstellen, dass etwas dabei ist, das die gleiche Leistung wie so ein Baum erbringt. Die Natur organisiert sich selbst, um diese Dinge ins Gleichgewicht zu bringen, ein Mensch kann das mit etwas Artifiziellem wie einem Gerät wohl kaum hundertprozentig ersetzen. Ich weiß nicht, was ich Ihnen empfehlen soll.«

Die Geschichte nahm ein trauriges Ende. Nur wenige Wochen später verstarb der Mann. Zu sagen, dass die Ulme an seinem Tod schuld war, wäre vermessen. Strahlungen sind bei solchen Erkrankungen meistens nur ein Faktor von vielen. Aber sie können auch dieser eine Faktor sein, der letztlich das komplexe System des menschlichen Organismus zum Kippen bringt.

Das Netz der roten Kreuze

Warum sind seit mehr als tausend Jahren rote Kreuze mit schaurigen Geschichten quer über Europa verteilt? Wer hat sie warum errichtet, und was haben sie miteinander zu tun?

»Eines der letzten Rätsel Europas« lautete der Titel eines der wenigen Zeitungsberichte, die sich damit befassten. Zu lösen versuchen dieses Rätsel vor allem Volkskundler. Doch viel mehr als einige Ausstellungen sind dabei noch nicht herausgekommen und auch deren Besucher gingen mit mehr Fragen als Antworten wieder. Was haben hunderte rote über halb Europa verteilte Kreuze zu bedeuten?

Sie markieren Orte in einem Gebiet vom Schwarzwald an der deutsch-französischen Grenze über die Fränkische Schweiz in Bayern bis tief nach Westungarn, vom hessischen Darmstadt bis in die Untersteiermark und südwärts darüber hinaus. Auch in der Schweiz sind sie in Mengen zu finden. Und sie scheinen, jedes für sich, Teil eines großen Ganzen zu sein.

Wobei die Bezeichnung »rotes Kreuz« nicht unbedingt dem entspricht, was Volkskundler, Hobbyforscher oder Wanderer an den betreffenden Orten vorfinden. Manchmal sind es keine Kreuze, sondern Pfähle, kleine Kapellen oder Denksteine, manchmal sind sie nicht rot, sondern grün, blau oder schwarz und manchmal sind sie gar nicht mehr vorhanden.

Identifizierbar sind ihre Standorte dann nur noch über alte Pläne, altes Volkswissen oder die Benennung ihres ursprünglichen Standortes mit Begriffen, wie Beim Roten Kreuz, Am Roten Kreuz, Rote Kapelle, Rote Säule, Rote Marter, Roter Stein, Rotes Kreuzchen, Rotes Marterl, Rotkreuzkapelle, Rotenkreuzboden, Roter Brunnen oder Roter Herrgott.

Heute weisen, wenn überhaupt, nur noch Wanderkarten auf ihre Standorte hin, und wer sie warum und wie ursprünglich errichtete, weiß schon lange niemand mehr.

Fest steht, dass die Ursprünge der roten Kreuze weit zurück in der Geschichte reichen, mindestens tausend Jahre weit, vermutlich jedoch viel weiter. Bis in die sogenannte heidnische Zeit, die Zeit der Kelten. Fest steht auch, dass sie in dieser langen Zeit teilweise verschwanden, teilweise neu errichtet, umgefärbt oder in Einzelfällen, etwa wegen Straßenbaumaßnahmen, leider auch versetzt wurden, dass sie für die Bevölkerung immer eine hohe Bedeutung hatten und dass sich jede Menge teils schaurige Geschichten um sie ranken.

Die roten Kreuze wirken von ihren Standorten her oft wie wahllos in die Landschaft gesetzt. Sie sind irgendwo auf weiter Flur zu finden oder mitten in einem Wald, im Dickicht, in Hohlwegen, an Talübergängen, in Talsenken, an schwer zugänglichen Stellen in zerklüfteter Landschaft, wo sie kaum mit freiem Auge zu erkennen sind, oder, ganz im Gegenteil, weithin sichtbar auf Kuppen, wie Mahnmale. Häufig stehen sie an Weggabelungen.

Manche sind seit Urzeiten mit runden Steinlegungen markiert, manche erscheinen wie die Mittelpunkte von

Oasen der Beschaulichkeit und wiederum andere flankiert inmitten eines Nadelwaldes ein einzelner Laubbaum, zum Beispiel eine Eiche, die heillos schief wächst, mit einer Neigung von bis zu 45 Grad. Als wollte sich der Baum in Richtung des Kreuzes strecken oder in die Gegenrichtung fliehen. Je nachdem, um welche Baumart es sich handelt.

Die Bezeichnung »rotes Kreuz« macht eine Spurensuche im digitalen Zeitalter nicht gerade einfach. Wer es mit googeln versucht, landet bei zigtausend Einträgen zur gleichnamigen Hilfsorganisation.

Doch Volkskundler und andere historisch Interessierte in halb Europa tragen seit Jahrzehnten in mühevoller Kleinstarbeit ein Puzzleteilchen nach dem anderen zusammen, erstellen digitale Karten und Datenbanken und vernetzen ihre bruchstückhaften Rechercheergebnisse so gut es geht und soweit es ihre finanziellen Möglichkeiten erlauben. So hat sich allmählich ein immerhin schemenhaftes Bild ihrer Herkunft, ihrer Bedeutung und ihrer Funktion ergeben. Doch auch dabei scheint jede Antwort auf eine Frage zwei neue Fragen aufzuwerfen.

So etwa legt das Puzzle wie gesagt nahe, dass die roten Kreuze regional und überregional in einer Art Bezugsmuster zueinander stehen. Sie befinden sich entlang bestimmter Linien, bestimmter Meridiane. Doch was bedeuten diese Muster und worauf begründen sie sich? Und wie konnten Menschen vor mehr als tausend Jahren sich über derart weite Distanzen hinweg koordinieren, und wenn sie es getan haben sollten, dann zu welchem Zweck?

Über viele rote Kreuze existieren schriftliche Zeugnisse, doch diese Spur endet meist irgendwo am Übergang vom Spätmittelalter zur frühen Neuzeit, also im 14., 15. oder 16. Jahrhundert. Die Kreuze tauchen in alten Orts- und Kirchenchroniken und Gerichtsakten auf, teilweise bei Beschreibungen festgelegter Grenzen, teilweise als Wegkreuze.

Bei einem roten Kreuz im österreichischen Spital am Semmering zum Beispiel ist dokumentiert, dass ein führerloser Ochsenkarren einen Scheintoten hinbrachte, der dort zum Leben erwachte. Oft markieren die Kreuze diesen alten schriftlichen Zeugnissen zufolge Orte, an denen besonders hohe Blitzschlaggefahr besteht.

Wozu es auch jüngere Berichte gibt. Der letzte datiert mit 1994, demzufolge eine große Akazie einem Blitz zum Opfer fiel, wobei der Einschlag auch das rote Kreuz an den Zehen der Jesusfigur leicht beschädigte. Einander kreuzende Wasseradern an der Stelle sind ebenfalls ein Indiz dafür, dass sich an diesem Ort elektromagnetische Phänomene manifestiert haben könnten.

Ursprünglich, so die Vermutung, hatte dort ein mit roter Farbe gekennzeichneter Baum gestanden. Denkbar ist, dass der Ort in späteren Jahrhunderten eine Zeitlang als Wegpunkt für eine Landgericht- oder Burgfriedgrenze diente. Wie bei den Wegsteinen der Römer vermischen sich also auch bei den roten Kreuzen natürliche Gegebenheiten mit religiösen Überzeugungen und sozialen Gepflogenheiten zu einem schwer entschlüsselbarem Ganzen.

Oft markieren rote Kreuze Orte, an denen sich mehr als einmal besonders schwere Verbrechen ereigneten oder wo Hundertschaften in Schlachten gefallener Soldaten begraben liegen (oder liegen sollen). Rote Kreuze könnten auch als Umschlagplätze gedient haben. Als Orte also, an denen weit gereiste Händler ihre Waren abluden und Bewohner ihre Bestellungen abholen konnten. Vielfach sind sie Rechtsdenkmäler für Orte, an denen Delinquenten übergeben wurden etwa.

Manche roten Kreuze stehen an der Stelle ehemaliger Richtstätten. Noch heute verweisen historisch überlieferte Namen wie »Rosengarten« auf eine derartige Nutzung hin, weil sie als Synonym für den Ruheplatz von Toten in Gebrauch waren. Der Volksmund berichtet auch immer wieder davon, dass rote Kreuze als »Rastplatz für arme Seelen« dienten.

Andere Kreuze erinnern in der Überlieferung an verheerende Hochwasser, an die wundersame Befreiung einer ganzen Region von den einfallenden Türken vor fast 500 Jahren (wie etwa in St. Kathrein am Hauenstein im steirischen Joglland), an eine Heuschreckenplage, an einen Brudermord und vieles mehr. Oder sie dienten als Platz, um einander Lebewohl zu sagen, wenn etwa der eine sich für eine lange Reise verabschiedete.

Heute noch sind rote Kreuze gelegentlich Bestandteil der kirchlichen Liturgie, als eine von vier Stationen beim Flurumgang zu Fronleichnam. Nahe Irdning, einem Ort in der österreichischen Steiermark, ist so ein Kreuz zu finden. Bei anderen wiederum werden bei Begräbnissen die Särge der Verstorbenen zur Totenrast abgestellt, für die Dauer eines Totengebetes.

Aus der Vielzahl dieser Einzelquellen stechen einige Einträge besonders hervor. So etwa jener über ein Kreuz zwischen Höhenberg und Oberwielands in der heutigen Gemeinde Großdietmanns in Niederösterreich. Allein in diesem österreichischen Bundesland sind mehr als 130 rote Kreuze bekannt. Im konkreten Fall sind es gleich drei auf engstem Raum.

Die überlieferte Geschichte ist dramatisch. Demnach kehrte ein Soldat unerwartet, weil erst nach vielen Jahren, aus dem Krieg heim und fand seine Braut, die ihm Treue geschworen hatte, mit einem anderen Ehemann vor. Er erschoss den Ehemann (beim ersten Kreuz), tötete seine Ex (beim zweiten Kreuz) und richtete sich selbst beim dritten.

Dass diese drei Kreuze erst anlässlich der überlieferten Tragödie errichtet wurden, ist dabei mehr als fraglich. Vielmehr dürften sie bereits lange zuvor existiert haben. Es scheint so zu sein, dass die Menschen über die Jahrhunderte hinweg tragische Ereignisse mit den roten Kreuzen verknüpften, was bis hin zu uralten Sagen dokumentiert ist.

Auch in der Weltliteratur findet sich ein Beleg für die Bedeutung der roten Kreuze. In seinem berühmten Werk *Woyzeck* nimmt Georg Büchner darauf Bezug, indem er in der vorletzten Szene des Dramas die Mordtat Woyzecks an der Mutter des gemeinsamen Kindes nahe der »Loh im Wäldchen am Roten Kreuz« ansiedelt. Die beschriebene Stelle galt schon lange vor Lebzeiten des Dichters als verrufener, weil unheilvoller Ort.

Womit sich zu allen anderen Fragen auch noch die nach Henne und Ei gesellt: Waren zuerst die Geschichten da oder zuerst die Kreuze?

Unwiderlegbare Hinweise auf besondere Orte

Zweifelsfrei sind die Kreuze als Hinweise auf Orte mit besonderer Wirkung zu sehen und zwar mit besonders unerfreulicher Wirkung. Denn fast ausnahmslos handelt es sich um welche, an denen Menschen aus unzähligen, wiederkehrenden Beobachtungen heraus und über die Jahrhunderte hinweg zu dem Entschluss kamen, sie besser zu meiden, weil dort mutmaßlich negative Energien herrschten, weil diese Orte seit Menschengedenken das Unglück anzuziehen schienen.

Dementsprechend komplex ist die Arbeit der Forscher, die das Geheimnis der roten Kreuze zu lüften trachten. Sie sind zum Beispiel darauf angewiesen, den Inhalt uralter Sagen mit historischen Fakten abzugleichen. Dazu folgt ein Beispiel aus der Umgebung der oberösterreichischen Landeshauptstadt Linz.

Als Quelle diente hier zunächst eine Sage. Ihr zufolge ritt »der Teufel« eines Tages zu Pferd »von Pösting kommend auf einem Reitersteig zum Gadelschuster, von dort zum Kognatzen und weiter zum Karlbauern über den Teufelsweg zum Schmied auf der Pimmerswies zur Schwarzlacken und verschwand in dieser«. Pösting ist eine Ortschaft mit derzeit rund 140 Einwohnern, Gadelschuster, Kognatzen und Karlbauer sind Bauernhäuser, die es nach wie vor gibt. Später, so die Erzählung weiter, sei der Teufel »beim Gasthaus Böck wieder aufgetaucht«.

So absurd, wie die uralte Sage klingt, ist es ihr Inhalt aus historischer Sicht gar nicht. In vorchristlicher Zeit bezeichneten die Menschen heidnische Priester gerne als Teufel, womit die Sage bereits etwas Sinn ergibt. Außerdem stand in Pösting früher die Burg Waltenstein, die erstmals im 12. Jahrhundert Erwähnung fand. An derselben Stelle dürfte ein Vorgängerbau gestanden sein. Das »Verschwinden« und »Auftauchen« des »Teufels« könnte mit unterirdischen Gängen, die mit diesen Gebäuden in Zusammenhang standen, zu tun haben. Der in der Sage gezeichnete Weg ließe sich auch heute noch mit dem Pferd zurücklegen.

Das Kreuz, um das sich diese Sage rankt, steht auf dem so genannten Mursberg, einer unscheinbaren Erhebung inmitten anderer Hügel. Die regionale Bevölkerung nennt es seit Anfang des 19. Jahrhunderts Franzosenkreuz, denn in der Nähe sollen zur Zeit der Napoleonischen Kriege zahlreiche Soldaten der französischen Armee gefallen und begraben worden sein. Auch Schützengräben gab es dort, sie wurden allerdings inzwischen von Schubraupen planiert.

Beim Mursberg handelt es sich keineswegs um einen unscheinbaren und unbedeutenden Flecken Erde, sondern um eine der ältesten Kulturlandschaften der Region, in der unter anderem auch Artefakte aus der Stein-, Bronze-, Eisen- und Laténezeit (der jüngeren vorrömischen Eisenzeit) bis hin zur frühdeutschen Zeit auftauchten. Dass dort irgendwann einmal eine Population mit Burgen, Geheimgängen und berittenen, heidnischen Priestern für alle möglichen Turbulenzen und sagenhaften Klatsch in der Bevölkerung sorgte, ist durchaus vorstellbar.

Was hat es mit der Farbe Rot der Kreuze auf sich? Das ist auch eines der Rätsel, das die roten Kreuze aufgeben. Naheliegend wäre es, das Rot als Symbol für Unglücksfälle zu deuten. Schließlich bedeutet das mittelhochdeutsche Wort rôt auch genau das: rot, rothaarig und im übertragenen Sinne blutig.

Ein Zeitsprung zurück ins Althochdeutsche lässt auch diese Angelegenheit etwas komplexer erscheinen. Routa steht da für Rute, Messlatte und Stange und auch für Kreuz, wie dem etymologischen Wörterbuch zu entnehmen ist. Im Indogermanischen steht rot außerdem für Kultpfahl.

Dann wäre da auch noch das Anglo-Keltische Rod. Heute noch ist dies ein im angloamerikanischen Sprachraum verbreitetes Längenmaß. 1 Rod = 25 Link = 5,5 Yard = 16,5 Feet = 198 Inch = 5,0292 Meter. Bis ins 11. Jahrhundert war das Rod-Maß in Gebrauch, um die Ackerfurchenlänge zu bestimmen.

Christliche Missionare wiederum verwendeten das Wort rood für das Kruzifix, das sie bei sich trugen. Im angelsächsischen »Traumgedicht vom Heiligen Kreuz«, entstanden um das Jahr 800, ist zu lesen: »Christ was on rodi, an galga gigista«. Zu Deutsch: »Christus war an der Rute (Pfahl/Kreuz), auf den Galgen gestiegen.«

Einige Wissenschaftler meinen, dass es sich bei den roten Kreuzen ursprünglich durchwegs um Pfähle handelte. Die Kelten oder ihre Vorfahren hätten sie mit dem Blut von Opfertieren beschmiert oder darin getränkt. Erst später hätten Missionare diese Pfähle zu Kreuzen umgebaut.

Noch deutlich komplexer wird das Phänomen durch das Netz der weißen Kreuze. Diese sind nicht weiß, weil sie wie die blauen, schwarzen oder grünen Kreuze im Zuge von Restaurierungsarbeiten ihre Farbe wechselten, sondern weil ihre Botschaft eine andere als die der roten Kreuze ist. Sie markieren offenbar keine Orte mit negativer, sondern mit positiver Grundinformation.

Auch hier tauchen bei näherer Betrachtung Fakten auf, die sich nicht so leicht zu einem Gesamtbild, schon gar nicht zu einem logisch erklärbaren, fügen lassen. So etwa entstanden an Orten mit weißen Kreuzen neuralgische Verkehrsknotenpunkte und das teils erst Jahrhunderte später.

Auch die weißen Kreuze spannen ein Netz über halb Europa. Wolfgang Zehetner, der Dombaumeister zu St. Stephan in Wien, von dem ich bereits erzählt habe, hat sich mit ihnen befasst. Ebenso wie sein Bruder Franz, Kunsthistoriker und Archivar der Dombauhütte in Wien. Beide sind fasziniert von der Kraft des Geheimnisvollen, die sowohl den roten als auch den weißen Kreuzen innewohnt und die in der rätselhaften Bedeutung der Kreuze und in ihrer Anordnung zueinander liegt.

Dombaumeister Zehetner betont, dass er alles andere als ein esoterisch veranlagter oder für das Übersinnliche anfälliger Mensch sei, doch diese Kreuze würden ihn nachdenklich machen. »Es gibt tatsächlich Dinge zwischen Himmel und Erde, die so unerklärlich, unbegreiflich und faszinierend sind, dass sie selbst einem durch und durch rational veranlagten Geist wie mir zu denken geben«, sagt er.

Etwa wenn es um eine Reihe weißer Kreuze geht, die exakt auf dem so genannten Gmünder Meridian, dem 15. Längengrad östlich von Greenwich, liegen. Präzise ausgerichtet auf jener Achse, auf der sich auch die Waldviertler Stadtgemeinde Gmünd, die Stadt Prag und der Gipfel des Ötscher befinden. Selbst den modernen Messmethoden unserer Tage hält die Anordnung der Kreuze entlang dieses Längengrades stand. Wer sie vor hunderten oder mehr als tausend Jahren warum und mit welchen Methoden errichtet hat, ist und bleibt indes ein einziges Mysterium.

Was die roten und weißen Kreuze zu trennen scheint, ist ihre vormalige Bestimmung. Was sie eint, ist das Bemühen von Teilen der Bevölkerung, sie zu erhalten, weil das seit jeher als ungeschriebenes Gesetz galt und ein Abweichen davon, so der unerschütterliche Volksglaube, nichts als Unglück bringe. Selbst wenn kaum noch jemand etwas zu ihren Ursprüngen und Bedeutungen zu sagen vermag.

Am Gemüsegartenweg

Die Adresse in der Umgebung von Mailand, zu der ich diesmal fahren musste, hieß »Via degli Orti«, zu Deutsch »Gemüsegartenweg«. Der Name hatte mich in die Irre geführt. Ich hatte ein kleines Haus im Grünen erwartet, mit einem hübschen Garten, tatsächlich fand ich mich in einer schattigen Siedlung einer Kleinstadt wieder, in der die Häuser dicht nebeneinanderstanden.

Ein Mann Ende vierzig begrüßte mich, als ich aus meinem Auto stieg. Seine Haare waren dicht, braun und lockig. Er trug eine schwarze Hornbrille und war edel gekleidet. Ein wenig erinnerte er mich an einen Professor der Mathematik oder der Chemie. Tatsächlich war er Schuhmacher und hatte seinen eigenen kleinen Betrieb. Er lebte hier allein. »Es hat sich einfach noch nicht ergeben, zu heiraten und Kinder zu bekommen«, erklärte er mir irgendwann im Laufe des Gesprächs.

Er führte mich ins Haus und bot mir Platz in seinem geschmackvoll eingerichteten Wohnzimmer an. Bei einer heißen Tasse Kaffee erzählte er mir, weshalb er mich kontaktiert hatte. Seine Großeltern waren beide an Krebs gestorben, seine Eltern ebenfalls. Er hatte das für die Folge einer genetischen Vorbelastung gehalten. Nun hatten die Ärzte auch bei ihm Krebs diagnostiziert.

Er hatte damit gerechnet, dass das irgendwann passieren könnte, doch nun war er begreiflicherweise trotzdem entsetzt. Er war noch nicht bereit, vom Schicksal seiner Familie eingeholt zu werden. Immerhin stand er in der Blüte seines

Lebens. Er hatte noch viel vor. Er wollte nach Indien reisen und nach Südamerika.

Vor allem jedoch träumte er davon, surfen zu lernen. Allein beim Gedanken daran, zwischen Sonne, Wind und Himmel über die Wellen zu gleiten, wuchs sein Selbstvertrauen. Allein schon der Gedanke daran ließ ihn dieses Gefühl spüren, mit den Naturgewalten zu spielen und über sich hinauszuwachsen.

Nein, er war noch nicht bereit, zu sterben. Er wollte sich nicht mit dem Gedanken abfinden, dass sein Leben jetzt allmählich zu Ende ging. Er wollte diese Krankheit überwinden, wie ein Surfer eine hohe Welle überwand, und so hatte es eben in ihm zu arbeiten begonnen. Er war in sich gegangen und hatte nachgedacht. War es wirklich eine genetische Vorbelastung? Oder könnte es nicht doch andere Ursachen geben? Wenn ja, welche? Was hatten seine Großeltern, seine Eltern und er über ihre Gene hinaus noch gemeinsam? Was verband sie über den genetischen Code der DNA hinaus?

Er setzte seine Tasse mit einem leisen Klirren ab und sah mir in die Augen. »Meine Familie lebt bereits seit drei Generationen in diesem Haus«, sagte er. »Meine Großeltern haben hier gelebt und meine Eltern ebenfalls.«

Seine Großeltern hatten unter Stress, Angstzuständen sowie Konzentrations- und Schlafproblemen gelitten. All das suchte auch ihn seit geraumer Zeit heim. Waren diese Symptome ebenfalls die Folgen einer genetischen Vorbelastung? Waren sie Vorboten der Krebserkrankung gewesen? Oder hatten sie eine andere Ursache? Hatten vielleicht sowohl sie als auch der Krebs mit dem Ort zu tun, an dem sie lebten? Er hatte sich solche Dinge gefragt und angefangen, das Haus mit neuen Augen zu sehen.

Ich sah mir das Haus näher an und fragte mich, wie drei Generationen hier leben konnten. An den Hausmauern wucherte Efeu, was ein Zeichen für viel Feuchtigkeit im Boden sein kann, und tatsächlich roch es im Inneren des Hauses ein wenig modrig, ähnlich dem Krypta-Geruch mittelalterlicher Kirchen. Für mich hätte das alleine schon gereicht, um bei einer Besichtigung dem Makler nach 30 Sekunden abzusagen. Ein Leben in so einer Umgebung ist für mich absolut unvorstellbar. Ich hätte hier keine Chance gehabt, mich wohlzufühlen und auch nur eine Prise gesunden, erholsamen Schlafes zu finden.

Wenn aber Menschen an so einem Ort aufwachsen wie mein Auftraggeber und von Kindheit an mit dieser Atmosphäre vertraut sind, erleben sie das anders. Für sie ist es dann ein Stück Normalität. Abschrecken kann so eine Atmosphäre dann nicht per se, sie kann nur dazu führen, dass Menschen beginnen, ihre Situation zu hinterfragen, wenn radikal veränderte Lebensumstände danach verlangen, wie die Krebserkrankung im Fall meines Auftraggebers.

Mich jedenfalls drängte es schon nach einer Stunde wieder hinaus ins Freie und weg von dem Haus. »Was halten Sie davon, wenn wir eine Runde spazieren gehen?«, fragte ich den Mann.

Derartige Spaziergänge in der Umgebung eines Ortes, dessen Geschichte ich recherchiere, gehören zu meinem beruflichen Alltag. Ich sehe mich in der Umgebung um. Ich will das Viertel oder die Gegend kennenlernen, den Stadtteil oder das Dorf. Denn ich muss zwar auf Details achten, aber ich muss auch das große Ganze im Blick behalten, um Zusammenhänge erkennen zu können.

Wir schlenderten also durch die Siedlung, in der die »Via degli Orti«, der »Gemüsegartenweg«, lag. Die Häuser ähnelten einander in Bauart und Größe und auch in der Atmosphäre, die sie verströmten, und ich hätte in keinem von ihnen gerne gewohnt. Schließlich entdeckte ich eine kleine, romanische Kirche, die etwas abseits der Häuser stand. »Lassen Sie uns kurz hineinschauen«, sagte ich.

Kirchen besuche ich gerne. Sie ziehen mich mit ihrer mystischen Atmosphäre an. Zudem lassen sich dort oft Hinweise finden, die für meine Recherchen interessant sind.

An dieser Kirche fielen mir zwei Dinge sofort auf. Zum einen war auf die Fassade ein großes Bildnis des heiligen Christophorus gemalt. Wie so oft war er als Riese mit Stab dargestellt, der das Jesuskind über einen Fluss trägt. Die Legende dahinter besagt, dass Christophorus Jesus treffen wollte, um ihm zu dienen. Er eilte in der ganzen Welt umher, fand ihn aber nicht. Eines Tages jedoch begegnete er auf seiner Suche einem Einsiedler. Der gab ihm den Rat, sich an das Ufer des nahegelegenen großen Flusses zu setzen.

»Hierhin kommen immer wieder Menschen, um ihn zu überqueren«, sagte der Einsiedler. »Nur gibt es leider keine Brücke und keinen Steg. Viele ertrinken bei dem Versuch, ans andere Ufer zu gelangen.«

Der Einsiedler riet Christophorus, die Menschen, die den Fluss überqueren wollten, hinüberzutragen. Immerhin sei er dafür stark und groß genug. Auf diese Art könne er Jesus nahekommen.

So kam es, dass Christophorus Tag für Tag Menschen über den Fluss trug. Er hatte immer einen Stock dabei, um sich abzustützen. Irgendwann kam ein Kind ans Ufer und bat ihn um Hilfe. Er setzte es locker auf seine Schulter und watete mit ihm durchs Wasser. Doch der Junge wurde schwerer und schwerer. Als sie beide kaum die Mitte des Flusses erreicht hatten, war Christophorus bereits außer Atem. Mit Mühe und Not schaffte er es ans andere Ufer. »Du warst so schwer, als hätte ich die ganze Welt auf meinen Schultern getragen«, sagte er zu dem Jungen, als er ihn schnaufend absetzte.

Daraufhin erwiderte der Junge: »Mehr als die Welt hast du getragen. Der Herr, der die Welt erschaffen hat, war deine Bürde.«

Christophorus wollte einen Beweis dafür haben, dass der Junge wirklich Jesus war. Er forderte ihn auf, seinen Stab in die Erde einzupflanzen. So geschah es. Und tatsächlich wurde über Nacht ein Baum daraus, an dem saftige, reife Früchte hingen.

Christophorus gilt seither als Patron des Verkehrs, der Pilger, der Reisenden und aller Menschen, die unterwegs sind. Er gilt aber auch als Schutzpatron gegen Seuchen. Deshalb war ich alarmiert, als ich sein Bild an der Kirchenmauer sah. Es bedeutete wahrscheinlich, dass im Mittelalter hier die Pest gewütet hatte.

Ich überprüfte meine Annahme und fand heraus, dass diese Gegend tatsächlich im 14. Jahrhundert von einer heftigen Epidemie heimgesucht worden war. Diese Tatsache lieferte für mich den ersten Beweis dafür, dass diese Gegend von Krankheit, Dunkelheit und Verfall dominiert war.

Doch mir war an der Kirche noch etwas anderes aufgefallen. Neben dem Bild des Heiligen Christophorus hingen viele Grabsteine an der Wand. Im Mittelalter bestatteten Menschen ihre Toten immer direkt in der Kirche oder in ihrer unmittelbaren Umgebung. Das ging so lange, bis Napoleon am 12. Juni 1804 ein Edikt dagegen erließ, das Edikt von St. Claude. Fortan durften Tote nur noch außerhalb der Städte bestattet werden. Napoleon hatte in der Beisetzung in Kirchhöfen hygienische Probleme durch »Leichengifte« und schädliche »Ausdünstungen« gesehen.

»Wissen Sie, ob es hier früher einmal einen Friedhof gab?«, fragte ich den Mann.

Er hatte sich mit der Geschichte seiner Ortschaft nie auseinandergesetzt. Was war, war. Man solle stets nach vorne schauen und sich nicht auf das konzentrieren, was hinter einem liege, meinte er. So habe er das bisher gesehen. Eine Ansicht, die er allerdings bereits geändert hatte und die er bald noch gründlicher ändern würde.

»Ich werde mich mal an anderer Stelle darüber schlaumachen«, sagte ich und verabschiedete mich. »Bei unserem nächsten Treffen weiß ich bestimmt mehr.«

Mein erster Weg führte mich zu einem Orden in der Umgebung. Leider konnten mir die Nonnen nicht weiterhelfen.

»Ein Friedhof? Da sind wir überfragt«, antwortete mir eine und zuckte verlegen mit den Schultern. Auch ihr Blick verriet, dass ihr Unwissen darüber sie unangenehm berührte.

»Das macht nichts«, beruhigte ich sie. »Ich gebe Ihnen Bescheid, sobald ich etwas herausgefunden habe.«

»Ja bitte, melden Sie sich unbedingt«, sagte sie.

In alten Dokumenten der Kirche fand ich schließlich einen Eintrag, in dem es darum ging, dass nach dem Napoleon-Edikt die Überreste von Verstorbenen, die noch lebende Verwandte hatten, in einen neuen Friedhof außerhalb der Stadt übersiedelt werden sollten. Die anderen Gebeine hatte man hiergelassen.

Meine Annahme, das Umfeld der Kirche könnte als Grabstätte verwendet worden sein, war demnach richtig. Darauf wies übrigens, wie mir jetzt klar wurde, auch der Straßenname »Gemüsegartenweg« hin. Denn die Menschen, die noch von den aufgelassenen Friedhöfen wussten, hatten keine Lust gehabt, dort ihre Häuser zu errichten. Stattdessen bauten sie dort Gemüse an.

Vielleicht war es ihnen zu gruselig gewesen, aber vor allem dürften sie, mangels der Doktrin von der wissenschaftlichen Erklärbarkeit in solchen Belangen, auch noch über eine stärkere Intuition verfügt haben. Vermutlich hatte auch das volkstümliche Wissen von der Besiedelung ehemaliger Friedhöfe oder der Umgebung von Friedhöfen seinen Beitrag geleistet.

Das alles bedeutete letzten Endes, dass mein Auftraggeber auf einem ehemaligen Friedhofsgrund lebte, an einem

Ort also, der von Zerfall und Verwesung geprägt war. Es war wohl kaum der richtige Platz für ein gesundes Leben und schon gar nicht, um bei einer Krebserkrankung wieder gesund zu werden.

Alles, was jemand an so einem Ort aufbaut, hat die vom Ort vorgegebene Tendenz, wieder zu zerfallen. Das kann Beziehungen, Unternehmen oder andere Unterfangen betreffen, aber auch die eigene Gesundheit. Wer zu lange hier verweilt, kann leicht gesundheitliche Probleme bekommen. Was immer an so einem Ort passiert, wird jedenfalls mit vielen Tränen und unglücklichen Momenten verbunden sein.

Aber was tun mit dieser Umgebung? Muss man so viel Land wirklich unbenutzt lassen? Nein. Solche Grundstücke eignen sich hervorragend, um dort beispielsweise eine Kompostierungsanlage in Betrieb zu nehmen.

Als ich meinem Auftraggeber davon berichtete, war für ihn die Sache klar. Er wollte nichts wie weg aus dieser Siedlung. Meiner Meinung nach war das die beste Entscheidung, die er treffen konnte.

In einem abschließenden Gespräch bedankte sich der Mann bei mir. »Sie haben mir die Augen geöffnet und etwas benannt, was ich insgeheim schon lange wusste«, sagte er. »Der Ort, an dem ich lebe, tut mir nicht gut. Ich habe mir vorgenommen, ab sofort viel besser auf mein Bauchgefühl zu hören. Ich verstehe jetzt gar nicht mehr, warum ich so lange hiergeblieben bin, obwohl mir tief in meinem Inneren seit Jahren klar ist, dass ich hier wegmuss. Ich wollte es anscheinend nicht wahrhaben, weil hier nun einmal meine

Wurzeln sind. Aber jetzt ist ein guter Zeitpunkt für einen Neuanfang.«

Ich atmete auf und lehnte mich zufrieden zurück. Vor allem, weil es mir geglückt war, einem Menschen sein Bauchgefühl zurückzugeben.

Der Mann verkaufte sein Haus um einen guten Preis und übergab die Leitung seines Betriebes vorerst dem Sohn eines Freundes, der erst vor kurzem seine Schuster-Lehre abgeschlossen hatte und fleißig war. Er selbst organisierte sich ein One-Way-Ticket an die Westküste Portugals, um sich eine Auszeit zu nehmen und endlich surfen zu lernen.

Irgendwann erreichte mich eine Postkarte aus der Algarve. »Liebe Frau Rio, ich habe dank Ihnen definitiv das Richtige getan«, schrieb er. »Mir geht es so gut wie nie zuvor. Ich hoffe, bei Ihnen passt auch alles. Ich werfe mich jetzt gleich wieder in die Fluten. Machen Sie's gut!«

Ein ähnlicher Fall mit ganz anderem Ausgang

Oberhalb des Bauernhofes, am Gipfel eines Hügels, den die Bewohner liebevoll »Hausberg« nennen, bemerkte ich eine Kirche. Maria, die Besitzerin des Anwesens, erzählte mir, dass sie zu dieser Kirche eine besonders tiefe Verbindung empfand. 14 Jahre war sie schon im Besitz der Schlüssel und bezeichnete sich selbst als Hüterin des Ortes.

Ich registrierte es und nahm mir vor, später bei meinen Recherchen zu klären, warum die Kirche da oben stand.

Kirchen, zumal an so exponierten Stellen, sind oft aus Kultplätzen hervorgegangen. Hier in Kärnten, in der Nähe vom Völkermarkt, konnte es nur ein keltischer Kultplatz sein, um dessen Nachfolgebauten sich diese freundliche Frau kümmerte.

Ich sah mich um und hatte den Eindruck, dass hier etwas nicht stimmte. Kann sein, dass die bewegenden Geschichten, die mir Maria im Vorfeld meines Besuches über ihr Leben erzählt hatte, meine Wahrnehmung in eine bestimmte Richtung lenkten. Kann auch sein, dass die Kirche da oben das tat, zumal sich keltische Kultplätze selten allein auf weiter Flur befunden hatten. Sie waren meist in Verbindung mit anderen Spuren keltischer Zivilisation gestanden, seien es Siedlungen, Schlachtfelder oder Friedhöfe.

Mein Gefühl sagte mir jedenfalls, dass an diesem Ort viel Aktivität herrschte, und zwar eine herausfordernde Art von Aktivität, der ich selbst nicht gerne ausgeliefert gewesen wäre, indem ich hier gewohnt oder gearbeitet hätte.

Maria schien mir allerdings eine starke, mutige und optimistische Frau zu sein. Sicheren Schrittes ging sie neben mir her, während ich mir einen ersten Eindruck von dem Anwesen machte. Sie wirkte wie jemand, der mitten im Leben stand, genauer gesagt, mitten in einer entscheidenden Phase der Veränderung.

Wer sie so sah, hätte nicht vermutet, was sie schon alles durchgemacht hatte. Wir machen wohl alle in unserem Leben so einiges durch und bei einer Frau mit Mitte sechzig wie ihr konnte da schon einiges zusammenkommen. Doch ihr Leben schien in dieser Hinsicht besonders lehrreich zu sein, denn scheinbar funktionierte nichts so richtig.

Maria wurde als fünftes von neun Kindern in eine Bergbauernfamilie hineingeboren und wuchs im oberen Lavanttal in Kärnten auf. Recht früh lernte sie, Verantwortung am Hof und für ihre jüngeren Geschwister zu übernehmen. Die Werte, die sie aus ihrer Kindheit mitnahm, hat sie nie verloren und auch heute noch ist ihr die Familie heilig.

Da Marias Liebe zur Natur und zur Landwirtschaft so groß war, entschied sie sich, eine Landwirtschaftliche Berufsschule zu besuchen. Als sie 16 Jahre alt war, nahm sie an einem Schulausflug von Wolfsberg nach St. Veit teil. Ohne zu wissen, welche wichtige Rolle in ihrem Leben dieser Ort einmal spielen würde, fuhr sie dabei an eben jenem Hausberg vorbei. Die Gegend bereitete ihr damals ein mulmiges Gefühl, sie fand sie gruselig und dachte, dass sie dort nicht gerne leben würde.

Doch einige Jahre später kam es genau so. Sie heiratete in die Familie, der der dortige Bauernhof gehörte, ein. Von Anfang an fehlte die Harmonie, die sie sich so sehnlichst wünschte, sowohl in ihrer Ehe als auch in der Familie. Ein Schicksal, das sie und ihr Mann mit den drei Generationen, die vor ihnen das Anwesen bewohnten, teilten. Jahrzehntelang bemühte sich Maria um Veränderung und Unterstützung, damit die Familie zusammenbleibt und der Hof gut erhalten wird.

Doch ihre Kraft, das Ganze durchzuhalten, schwand von Tag zu Tag. Als es irgendwann nicht mehr ging, suchte sie Abstand von ihrem Mann und dem Hof. Sie zog aus und suchte sich einen Job, um sich selbst über Wasser halten zu können.

Ihr Mann starb wie schon sein Vater vor ihm mit Mitte sechzig an einer Krankheit. Nach seinem Tod erbte Maria den Hof und kehrte dorthin zurück. Doch die Jahrzehnte der Überforderung und des ständigen Gefühls »funktionieren zu müssen« manifestierten sich auch bei ihr in einer Reihe schwerer Krankheiten, die sie jedoch überstanden hat und heute als positive Lernprozesse sieht. Sie hat vier Kinder, drei Söhne und eine Tochter. Von den Vieren war nur ihre Tochter wirklich bereit, sich mit dem Ort auseinanderzusetzen und Maria dabei zu unterstützen. Sie lebt mit ihrem eigenen Sohn auf dem Hof und ihre Präsenz empfindet Maria nicht nur für sich selbst, sondern auch für den Ort und die Familie als wichtig und positiv.

Die beiden hatten es nicht leicht. Ich hatte Maria über einen gemeinsamen Bekannten kennengelernt und meine Recherche war ein Freundschaftsdienst.

Wanderer, die zufällig des Weges gekommen wären, hätten das Anwesen vielleicht idyllisch gefunden. Heute bleiben viele stehen und fragen, ob sie ein Foto machen dürfen, weil sie sich von den Farben und der Gestaltung des Gartens angezogen fühlen. Maria sagt heute, dass sie ihre Liebe zu dem Ort spüren.

Das Haus hat zwei Stockwerke und ist fast quadratisch. Es ist in etwa 300 Jahre alt und ein typisches Bauernhaus für diese Gegend. Die Mauern des Erdgeschosses sind etwa einen Meter dick, im ersten Stock variiert die Mauerstärke. In der Küche gibt es noch ein Bogengewölbe, auf dessen Bewahrung Maria während einer Renovierung Anfang der 1990er Jahre bestanden hatte.

»Was meinen Sie?«, fragte sie mich, als wir unseren Rundgang abgeschlossen hatten.

»Ich kann noch nicht viel sagen«, antwortete ich. »Es scheint jedenfalls, als hätten Sie sich keinen leichten Platz zum Leben ausgesucht.«

»Ausgesucht ist vielleicht zu viel gesagt«, meinte sie. »Aber unbewusst mag das schon stimmen.«

»Ausgesucht insofern, als Sie auch weggehen und anderswo ein neues Leben beginnen hätten können«, sagte ich.

Sie nickte. »Ich habe es öfters versucht. Einmal war ich sieben Jahre lang weg von hier. Und ich habe mich immer gefragt, wie es nun weitergeht.« Doch jedes Mal kehrte sie wieder zurück. Es klang ein bisschen nach Flucht: Sie wollte Abstand nehmen, um das Ganze in Ruhe von außen zu betrachten. Ihre Sehnsucht war, dass die Familie und der Ort in Harmonie lebten.

Bei meinen Recherchen stieß ich rasch auf einen Bericht des Landesmuseums für Kärnten, der von archäologischen Ausgrabungen in der Gegend handelte. Sie hatten bereits im Jahr 1989 begonnen und es ging dabei um 13 Hügelgräber. Sogar von einer Nekropole war in dem Bericht die Rede.

Dank der Metallfunde, vor allem von Waffen, wie Messern und einem Beil, oder Gewandnadeln ließen sich die Gräber der Hallstattzeit, auch Hallstattkultur oder Ältere Eisenzeit genannt, zuordnen.

Restlos geklärt ist die Funktion dieser sogenannten Hügelgräber aber nicht. Manche Historiker vermuten, dass die Hügel schon früher da gewesen und erst in einem zweiten Schritt als Grabstätten genutzt worden waren. Warum die Hügel ursprünglich entstanden sein könnten, wäre dabei noch zu klären. Im Jahr 2011 besuchte ich selbst einige Hügelgräber im südenglischen Wiltshire. Ich konnte sie allerdings nur von außen besichtigen. Dort sind sie militärisches Sperrgebiet.

Ich fuhr jedenfalls ins Landesmuseum von Klagenfurt und nahm dort Einblick in die detaillierten, auf die Region bezogenen Informationen. Ebenfalls rasch fand ich heraus, dass der Hof der Bäuerin direkt auf einem normalen keltischen Friedhof stand. Denn die Kelten begruben nicht alle ihre Verstorbenen in Hügeln, das war keltischen Persönlichkeiten von Rang vorbehalten, der Spitze der keltischen Gesellschaft.

Ich fand auch Hinweise darauf, dass sich genau dort ein Schlachtfeld erstreckt haben könnte. Was mich daran erinnerte, dass das Enkelkind von Maria gerne mit kleinen Soldaten spielte.

Als ich mit Maria darüber sprach, reagierte sie sehr emotional. Positiv emotional. Sie zeichnete kurzerhand ein Bild von einem neuen Leben, das sie künftig führen würde, als hätte sie es schon die ganze Zeit in ihrer Fantasie und in ihrem Inneren auf Abruf bereit gehabt.

Sie habe immer gespürt, dass hier etwas nicht in Ordnung sei, brach es aus ihr heraus und sie erzählte mir von einem Einfamilienhaus mit schönem Garten in ruhiger Lage, wohin sie nun ziehen wolle. Vor meinem inneren Auge tauchten Holzhäuser direkt am See auf. »Ich gehe jetzt endgültig weg von hier«, sagte Maria. »Die Zeit dafür ist gekommen. Danke, dass Sie das alles für mich getan haben.«

Das ist etwa drei Jahre her und weil wir uns ursprünglich aufgrund freundschaftlicher Kontakte kennengelernt hatten, blieb ich mit ihr in Verbindung. So erlebte ich mit, wie ihr Leben weiterging.

Persönlich traf ich auch sie zuletzt, kurz bevor ich diese Zeilen schrieb, um ihr Einverständnis dafür einzuholen. Wo wir uns trafen? Im Schatten jenes Hügels mit der Kirche oben drauf, zu der sie noch immer den Schlüssel hat und die sie noch immer herzlich hütet. Denn sie hatte ihre Umzugspläne bald wieder abgeblasen und war auf ihrem Anwesen geblieben. Dennoch hatte das Wissen über die Wirkung des Ortes, auf dem sie lebte, vieles für sie verändert.

Sie hatte sich dazu durchgerungen, die Herausforderungen, die ihr dieser Ort bot, anzunehmen. Sie hatte durch ihre täglichen Erfahrungen bemerkt, was der Ort mit ihr macht und welche Wirkung er auf sie hat. Im Hof baute sie einen wunderschönen Gemüse- und Kräutergarten, in dem sie zu jeder Jahreszeit viele glückliche Stunden voller innerer Freude verbringt.

Das hatte ihr dabei geholfen, sich mit dem Schicksalhaften des Lebens dort abzufinden. Dabei hatte sie sich auch überlegt, dass sie sich, ganz im Sinne des geflügelten antiken Wortes »Kein Ort ohne Geist«, überall ihrem Schicksal zu stellen hatte und dass es überall auf die eine oder andere Weise von dem jeweiligen Ort geprägt sein würde. »Mein Leben ist hier und ich setze mich mit diesem Ort auseinander«, sagte sie zu mir. »Das ist meine Entscheidung und meine Lebensaufgabe.«

Es war eine starke Ansage einer starken Frau und für mich der wohltuende Abschluss einer Recherche. Einer von den Abschlüssen, die ich gelegentlich brauche, um den Sinn meiner Arbeit und ihre positive Wirkung auf die Menschen spüren zu können. Maria war von einem Opfer von etwas, das sie mangels Bewusstsein gewesen war, zu einer Frau geworden, die diesem Ort – aber auch dem Leben selbst – sozusagen auf Augenhöhe und mit offenem Herzen begegnete.

Anleitung für den Umgang mit Orten

Wir müssen weder Historiker noch Geologen sein, um uns mit der Wirkung eines Ortes auf uns zu befassen. Dafür gibt es Möglichkeiten, die wir alle nützen können und nützen sollten.

Sie haben nun viel darüber erfahren, was der Geist beziehungsweise die Natur eines Ortes alles beeinflussen und auslösen kann. Halten wir uns an Orten auf, die eine für uns gute Energie haben, profitieren wir davon. An Orten, mit denen wir im Einklang stehen, reagieren unser Körper mit Kraft und Gesundheit und unser Geist mit Ausgeglichenheit.

Orte, deren Energie im Widerspruch zu uns oder zu dem, was wir dort tun wollen, stehen, stressen unseren Körper und unseren Geist. Sie können unsere Gesundheit gefährden und uns daran hindern, unser volles Potential zu entfalten.

Hier nun einige Hinweise, wie Sie selbst die Energie eines Ortes erkennen oder zumindest erahnen können, um in Zukunft das Beste für sich und die Menschen, mit denen Sie diesen Ort womöglich teilen oder teilen wollen, daraus zu machen.

Nützen Sie Ihre Intuition

Wenn Sie einen Ort zum ersten Mal betreten, wissen Sie im ersten Moment ganz genau, ob Sie sich dort wohlfühlen oder nicht. Je nachdem, wie geübt Ihre Intuition ist, verrät Ihnen dieser allererste Eindruck vielleicht sogar noch mehr über den Ort. Eignet er sich für Aktivität oder eher dazu, zur Ruhe zu kommen? Vertrauen Sie auf diesen Eindruck und die Informationen, die Ihnen Ihre innere Stimme auf diese Weise gibt. Das ist nicht leicht, weil gleich darauf unser Gehirn den Ort scannt und ihn mit Informationen, wie Preis, Lage, Größe oder schlichtweg der Sympathie des Maklers überlagert. Aber glauben Sie mir: Es wird sich immer auszahlen.

Ein außerordentlich erfolgreicher Immobilieninvestor erzählte mir einmal, dass er sich nach Jahrzehnten der Erfahrung in diesem Geschäft nur noch an ein Haus anlehnen müsse, um zu wissen, ob er damit gute Geschäfte machen würde oder nicht. Das war mehr als Koketterie mit seinem zu diesem Zeitpunkt bereits fortgeschrittenen Alter. Er wusste einfach, dass ihm sein erster Eindruck mehr sagen konnte als die beste Analyse der ökonomischen und geografischen Rahmenbedingungen.

Wenn Sie an einem Ort schon wohnen oder ihn anders nutzen, haben Sie zwei Möglichkeiten, ihre Intuition einzusetzen. Die eine ist Ihre Erinnerung. Wissen Sie noch, wie es war, als Sie ihn zum ersten Mal betraten? »Ich hatte gleich so ein seltsames Gefühl.« Sätze wie diese sagen viele Menschen zu mir, nachdem ich ihnen meine Analyse präsentiert habe.

Ergänzend dazu können Sie versuchen, Ihrer Intuition mit dem Arm-Trick auf die Sprünge zu helfen. Das ist eine

Methode, die in der Alternativmedizin beliebt ist. Der Arm-Trick kann eventuell dabei helfen, inneres Wissen, das uns nicht bewusst ist, abzurufen.

Dazu brauchen Sie nichts als eine zweite Person, die Ihnen bei dem Test assistiert. Strecken Sie einen Arm waagrecht nach vorne. Lassen Sie Ihren Assistenten oder Ihre Assistentin testen, wie viel Kraft er oder sie aufwenden muss, um den Arm nach unten zu drücken. Dann stellen Sie sich die Frage, auf die Sie nach einer Antwort suchen: »Ist dieser Ort gut für mich?«

Kann Ihr Assistent oder Ihre Assistentin Ihren Arm nun viel leichter als zuvor nach unten drücken, kann das so viel wie ein »Nein« bedeuten. Und umgekehrt. Wenn Ihr Arm dem Druck standhält, kann das »Ja« bedeuten.

Allein aufgrund dieses in der Fachsprache als »kinesiologischer Muskeltest« bekannten Verfahrens eine Entscheidung über die Nutzung eines Ortes zu treffen, wäre allerdings übertrieben. Doch es kann interessante zusätzliche Informationen liefern.

Übrigens: Man kann den Test auch selbst machen, indem man den Daumen und den Zeigefinger der linken Hand zu einem Kreis formt. Mit dem rechten Zeigefinger versucht man dann, den Fingerring der linken Hand von innen nach außen zu durchbrechen.

Achten Sie auf Ihre Atmung

Hinweise darauf, ob uns ein Ort guttut oder nicht, kann auch die Atmung liefern. Wenn uns etwas stört, wenn etwas in uns blockiert, setzt unsere Atmung für einen kurzen Moment aus und ist flacher als sonst. Wenn wir uns hingegen wohlfühlen, atmen wir tief und frei. Das richtig einzuschätzen erfordert allerdings eine sensible Selbstbeobachtung. Wir leiden im Fall einer Störung oder Blockade nicht gleich an Atemnot. Unsere Atmung verändert sich vielmehr nur in feinen Nuancen.

Mit einer sensiblen, gut geschulten Selbstbeobachtung können wir Störungen und Blockaden auch an anderen Signalen unseres Körpers erkennen. Allgemeingültiges lässt sich darüber allerdings schwer sagen. Jeder Mensch reagiert anders. Ich zum Beispiel habe an mir recht deutliche Reaktionen auf Hochspannungsleitungen bemerkt. Es fühlt sich an, als hätte ich Sand in den Augen. Sie jucken und ich weiß sofort, dass da etwas nicht stimmt.

Recherchieren Sie

Um die Muster, die sich an einem Ort wiederholen, zu erkennen, müssen Sie nicht gleich eine Historikerin oder einen Historiker beauftragen. Sie können auch einfach selbst recherchieren und es zahlt sich in jedem Fall aus. Wie Sie gesehen haben, lässt, was an einem Ort geschehen ist und wie die Menschen dort gehandelt haben, Rückschlüsse darauf zu, was wir dort selbst erleben werden oder wenigstens erleben könnten. Doch wie lässt sich die Geschichte eines Ortes eruieren?

Fangen Sie mit dem Internet an. Fangen Sie direkt mit der Adresse an und machen Sie mit der ganzen Straße weiter. Lesen Sie über das Dorf nach, wo sich der Ort befindet, oder den Bezirk, falls er in einer größeren Stadt liegt. Sie werden dabei vielleicht schon erste Hinweise finden und einen Eindruck gewinnen.

Doch bekanntlich hat das Internet so seine Tücken. Es ist ein Umschlagplatz für Falschmeldungen jeder Art. Überprüfen Sie deshalb die Quellen. Wer steht hinter einem Beitrag und wer hat ihn verfasst? Ist es eine Universität oder eine Behörde? Handelt es sich um ein Unternehmen? Wenn ja, um welches? Wenn es sich um eine politische Partei handelt, hinterfragen Sie, welche Interessen sie in dem Beitrag verfolgt haben könnte.

Hinterfragen Sie auch bei Zeitungen und anderen Medien, wie seriös sie wirklich sind. Handelt es sich um eine Privatperson, überprüfen Sie, was diese Person beruflich macht und welche anderen Beiträge sie schon veröffentlicht hat.

Achten Sie auch darauf, wie professionell ein Beitrag etwa in puncto Rechtschreibung und Grammatik abgefasst ist, wie sachlich er ist, wie viel persönliche Meinung des Verfassers eingeflossen ist und auf welche Quellen er sich bezieht.

Was Straßennamen verraten

Nutzen Sie auch die Anhaltspunkte, die Ihnen Straßen- und Ortsnamen liefern können. Sie verraten zum Teil viel über die Ereignisse, die sich in der Vergangenheit in dieser Umgebung abgespielt haben.

»Mühlenweg« zum Beispiel. Der Name sagt, dass die Adresse vermutlich etwas außerhalb des ursprünglichen Ortskerns liegt und dass es dort in der Vergangenheit wahrscheinlich Wasser gab, heute noch sichtbar oder nicht, also über- oder unterirdisch.

Es ist ganz bestimmt auch ein Ort, an dem in der Vergangenheit viel passiert ist. Mühlen stehen für Bewegung, zudem waren sie im Mittelalter Orte der Prostitution. Dazu entwickelten sie sich, weil nur Frauen dort arbeiteten. Im Mittelalter hatten sie das Recht, das Mehl, das sich an Wänden, Decken und auf den Balken sammelte, mit nach Hause zu nehmen. Dazu stiegen sie auf Leitern, und Männer nutzten gerne die Gelegenheit, ihnen dabei unter die Röcke zu blicken. Was einige der Frauen schließlich dazu inspirierte, daraus ein Geschäftsmodell mit weiteren erotischen Dienstleistungen zu entwickeln.

Oder »Galgenbichlweg«. Der Straßenname verrät, dass früher an diesem Ort Henker ihrem Handwerk nachgingen.

Die interessantesten Hinweise auf die Geschichte eines Ortes finden sich meist in alten Bibliotheken sowie in Stadt- und Kirchenarchiven. Hier bestehen teilweise aber Zugangsbeschränkungen. Viele davon können nur Historiker nützen.

Fragen Sie auch die Nachbarn und Bewohner der Umgebung, vor allem die älteren. Stellen Sie viele Fragen und begeben Sie sich dabei auf eine Entdeckungsreise in die Vergangenheit. Stellen Sie Fragen wie diese: Wer hat früher hier gewohnt? Was für ein Leben haben die Vorbesitzer geführt? Was hat sich hier ereignet? Welche schicksalhaften Wendungen gab es? Welche Gerüchte erzählt man sich immer wieder?

Suchen Sie Fotos von den Vorbesitzern und schauen Sie, wie die Bewohner aussehen. Sehen sie glücklich aus? Wie interagieren sie mit der Kamera? Wie sehen ihre Wohnräume aus? Der visuelle Aspekt ist ganz wichtig.

Achten Sie neben dem Gesagten auch auf die Mimik und Gestik Ihres Gegenübers. Die Körpersprache verrät oft, was Menschen nicht sagen oder sagen möchten. Zum Beispiel, wenn sie sich bei etwas unwohl fühlen. Ein gesenkter Blick und hochgezogene Schultern etwa können dahingehend interpretiert werden, dass das Gegenüber unsicher ist und sich defensiv verhält. Verschränkte Arme vor dem Körper lassen Ähnliches deuten. Wenn die Füße Richtung Ausgang oder Tür zeigen, ist das ebenfalls ein verräterisches Zeichen dafür, dass der Gesprächspartner sich lieber verabschieden würde, anstatt sich weiter über dieses oder jenes Thema zu unterhalten. Dann kann es sein, dass er Ihnen einen Teil der Geschichte des Ortes, für den Sie sich interessieren, vorenthält, was Sie umso neugieriger machen sollte.

Entscheiden Sie sich wenn, dann nur bewusst für Orte mit dunkler Vergangenheit

Die Grundenergie von Friedhöfen ist bestimmt von Tod, Zerfall, Schmerz und Trauer. Sie steht uns im Weg, wenn wir ein gesundes und von Optimismus erfülltes Leben führen wollen. Ganz abgesehen davon, dass wir die letzte Ruhestätte unserer Vorfahren ehren sollten, selbst dann, wenn sie vor langer Zeit gelebt haben und niemand mehr ihren Namen kennt.

Auch früheren Mülldeponien wohnt eine Energie von Zerfall und Verwesung inne. Außerdem sammeln sich dort im Boden und in der Luft Stoffe, die ebensolche Prozesse in Gang setzen.

Auch ehemalige Schlachtfelder, Schlachthöfe, Gefängnisse und Orte, an denen Gewaltverbrechen stattgefunden haben, lassen sich vielleicht mit neuen Gebäuden oder sympathischer Begrünung behübschen, doch ihre Grundenergie kann trotzdem Angst und Aggression sein. Sie lassen sich dann vielleicht für Grusel-Museen nützen, aber dort ein schönes Leben zu entwickeln, zum Beispiel mit einer Familie, könnte schwierig werden.

Lassen Sie sich in diesem Zusammenhang nicht von geschäftstüchtigen Maklern oder wem auch immer einreden, dass die Vergangenheit nun einmal Vergangenheit ist, solche Befürchtungen irrational sind und dass alles aus wissenschaftlicher Sicht lächerlich sei. Vertrauen Sie lieber auf das natürliche Empfinden von Millionen Menschen rund um den Globus, die solche Orte auch lieber meiden.

Achten Sie auf die Pflanzen

Efeu und Brunnenkresse sind ein Hinweis dafür, dass es an einem Ort viel Wasser gibt. Wenn in unmittelbarer Umgebung kein Fluss, Bach, See oder Teich zu sehen ist, weisen diese Pflanzen auf unterirdisches Wasser hin. Auch zahlreiche weiße, beziehungsweise hellgraue Flechten an der Rinde von Bäumen können ein Hinweis auf unterirdisches Wasser sein.

Bäume und andere Pflanzen reagieren auf Wasseradern und andere Störzonen mit Schrägwuchs oder sie bekommen krebsartige Geschwüre. Besonders empfindlich reagieren Apfel-, Birnen-, Kirsch-, Aprikosen- und Pfirsichbäume, Weiden, Eichen, Buchen, Birken, Linden und Hagebutten. Auch Pflanzen wie Kartoffeln, Sauerampfer, Minze, Knoblauch, Petersilie und Zwiebeln. Wenn Sie feststellen, dass diese Pflanzen an einem Ort seltsam verkümmern oder gar nicht gedeihen wollen, dann könnte das auf Störzonen hinweisen. Bitte beachten Sie dazu auch die Liste im Anhang mit den Strahlenflüchtern und Strahlensuchern.

Lassen Sie eine geologische Diagnose erstellen

Beauftragen Sie eine diagnostische Untersuchung, um herauszufinden, ob es unter dem Ort, an dem Sie sich niederlassen möchten oder an dem Sie sich schon niedergelassen haben, einen geologischen Bruch gibt. Das übernehmen

Geologen oder Tiefbauingenieure. Sie untersuchen die Schichten des Bodens und klären, welche Materialien unterirdisch vorhanden sind.

Die Schichten von natürlichen Materialien am Boden sind normalerweise nicht zu 100 Prozent voneinander getrennt wie mehrere Decken auf einem Bett im Winter oder die verschiedenen Creme-Schichten in einer Esterházy-Torte. Die Natur ist überall vielfältig, somit finden wir auch im Boden mehrere unterschiedliche Materialien gleichzeitig.

Grundsätzlich sind sandhaltige Böden besser für uns als tonhaltige. Das hat einen einfachen Grund. Wenn es regnet, absorbieren sandhaltige oder Kiesböden das Wasser. Bei tonhaltigen Böden bleibt das Wasser an der Oberfläche, weil Ton eben kein saugfähiges Material ist.

Es kann aber auch sein, dass die erste Schicht ganz oben Gras ist, die zweite Schicht sand- und die dritte tonhaltig ist. Was passiert in diesem Fall? Wenn es regnet, fließt das Wasser durch die ersten zwei Ebenen und sammelt sich unterirdisch über der tonhaltigen Schicht. Unterirdisches Wasser, das wissen wir bereits, tut uns nicht unbedingt gut.

Lassen Sie sich von Geologen und Tiefbau-Ingenieuren deshalb gründlich in Sachen Bodenbeschaffung beraten. Die Materie ist sehr komplex und ein Gutachten in diesem Bereich ist immer empfehlenswert. Wenn Sie ein Haus neu bauen, müssen Sie sowieso wissen, was darunter los ist, um keine Probleme mit der Statik zu bekommen.

Die unterschiedlichen Materialien und Strukturen im Boden interagieren miteinander und mit allem, was um sie herum passiert, mit den Bäumen und Pflanzen, dem Wetter und den Temperaturen, und mit Ihnen, wenn Sie sich dort aufhalten. Denken Sie immer daran, dass jeder Ort ein komplexes System ist, das mehr als die Summe seiner Teile ist, und dass Sie sich zu einem Teil dieses Systems machen, wenn Sie sich dort aufhalten.

Achten Sie auf das Verhalten der Tiere

Ich habe gelernt, meiner Hündin Leya zu vertrauen, wenn es um den »genius loci« geht. An Plätzen, an denen sie sich gerne aufhält, habe auch ich ein gutes Gefühl und spüre, dass mich diese Orte stärken. Und umgekehrt. Plätze, die sie umgeht, vermeide auch ich. Hunde können uns also dabei helfen, unsere Wohnräume so zu gestalten, dass sie uns dienlich sind, etwa was Schlafqualität oder Konzentrationsfähigkeit angehen.

Auch Pferde, Schweine, Tauben, Kühe, Ratten, Störche, Ziegen, Mäuse und Schwalben zählen zu den Strahlenflüchtern (siehe dazu auch Anhang). Wo sie sich wohlfühlen, tun wir es auch. Katzen, Eulen, Bienen, Ameisen und Schlangen hingegen funktionieren genau umgekehrt: Sie fühlen sich auf Wasseradern wohl und es zieht sie förmlich an Plätze, die für uns schlechte Energie ausstrahlen. Die Plätze, die sie beanspruchen, sollten wir ihnen also großzügig überlassen.

Die goldene Regel

Über allem steht immer die goldene Regel: Es gibt keine guten oder schlechten Orte. Jeder Ort ermöglicht uns eine Erfahrung, die wir – bewusst oder unbewusst, wie C.G. Jung sagen würde – machen möchten. Wenn es uns also zu einem Ort zieht, hat das stets einen Grund und einen höheren Sinn. Wie viel wir schlussendlich aus der Erfahrung mitnehmen, hat dabei immer mit unserer Haltung zu tun, also mit unserer Art, damit umzugehen.

Ich möchte Ihnen an dieser Stelle von einem liebenswerten Paar erzählen. Mit beiden bin ich schon seit meiner Kindheit befreundet. Vor 15 Jahren haben sie geheiratet und gleich danach ein Kind bekommen. Sie sind das, was man eine schöne und harmonische Familie nennt. Vor einem Jahr fingen sie an, sich ein neues Zuhause zu suchen.

Sie kennen und schätzen meine Herangehensweise an Orte und finden diese Methode so effizient und vernünftig, dass sie selbst bei ihrer Suche die soeben beschriebenen »Richtlinien« verwendeten. Vor kurzem luden sie mich zum Abendessen ein und erzählten mir, dass sie »ihren Ort« gefunden hätten. Sie strahlten alle beide übers ganze Gesicht, als sie es mir sagten. Und ich war – und bin es heute noch – überglücklich für sie. Augenblicklich zeigten sie mir Fotos von dem Haus und erzählten mir seine Geschichte. Ich erkannte sofort, dass sich dort ein Muster wie in einer Zeitschleife wieder und wieder wiederholt: Das Haus ist ein Scheidungshaus.

Die jüngsten Besitzer hatten es verkauft, weil sie sich getrennt hatten. Das Paar, das zuvor dort gewohnt hatte, hatte sich ebenfalls scheiden lassen und das Haus verlassen. Wir können nun das Rad noch weiter in die Vergangenheit drehen und kommen zum immer gleichen Ergebnis: Auch die Beziehung der Vorvorvorbesitzer war in die Brüche gegangen.

Ich kann mir vorstellen, was Sie gerade denken. Und auch wenn es für Sie vermutlich schwer zu glauben ist: Meine Freunde wollten das Haus »trotzdem« kaufen. Sie hatten mich eingeladen, weil sie ihre Freude mit mir teilen wollten und nicht, um einen Rat von mir zu bekommen. Sie wussten ohnedies, zu welchem Schluss ich gekommen wäre, weil sie mich und meine Einstellung kannten. Viele andere ihrer Freunde rieten ihnen davon ab, das Haus zu beziehen. Einige sagten sogar: »Kauft das Haus nicht: Ihr seid so ein schönes Paar!«

Weder meinen Freunden noch meinen Klienten würde ich so etwas jemals sagen. Zum einen, weil eines meiner Arbeits- und Lebensprinzipien lautet: »Gib deinen Rat nicht, wenn er nicht gefragt ist.« Und sie hatten mich eben um keinen Rat gefragt.

Zum anderen, weil ich in diesem ganz speziellen Fall die Sache ohnehin nicht so eng sehe. Warum jetzt auf einmal? Das möchte ich Ihnen gerne erklären.

Meine Freunde verließen sich bei ihrer Entscheidung allein auf ihr Gefühl. Sie möchten – bewusst oder unbewusst, ich erinnere noch einmal an C.G. Jung – eine Erfahrung machen, und genau dieser Ort wird sie ihnen ermöglichen.

Vielleicht steckt der Gedanke einer Trennung bereits in ihnen, tief in ihrem Innersten, in ihrem Unbewussten und der Geist dieses Ortes wird seinen Teil dazu beitragen, dass genau diese Realität wird. Vielleicht geht es aber gar nicht um ihre Trennung als Paar. Vielleicht verabschieden sie sich auf diese Weise von Freunden, weil die nicht mehr zu Besuch kommen werden, aus welchen Gründen auch immer.

Vielleicht wird die »trennende« Energie dieses Ortes aber auch ihr Sohn Thomas verwenden. Da er sich gerade in der Pubertät befindet, wird er an diesem Ort eventuell verstärkt das Bedürfnis spüren, sich von seinen Eltern abzunabeln und eigene Wege zu gehen.

Aber nicht nur der Ort wird auf die Familie wirken, sondern die Familie auch auf den Ort. Mit ihrer Präsenz, ihren Gedanken und Handlungen werden meine Freunde und ihr Sohn die Energie des Ortes eventuell beeinflussen, ergänzen, ändern – und das Muster womöglich zur Gänze auflösen. Das ist etwas, was wir alle ständig tun, ganz egal, wo wir uns gerade befinden. Zwischen Menschen und Orten herrscht eine permanente Wechselwirkung.

Wer darf also sagen, was gut oder schlecht für einen anderen Menschen ist? Ich kann und darf immer nur für mich selbst sprechen. Ich kann sagen: »Ich würde in diesem Haus mit dieser Geschichte nie wohnen wollen.« Wohlwissend, dass das nur für mich gilt. Andere Menschen darf ich mit meiner Meinung nicht beeinflussen, auch nicht durch meine Arbeit. Vor allem nicht durch meine Arbeit!

Da Wichtigste ist und bleibt die persönliche Entscheidung, die jeder Mensch für sich selbst trifft. Es gibt immer
einen Grund, bewusst oder unbewusst, warum sich ein
Mensch dafür entscheidet, an einem Ort zu leben, zu arbeiten oder Urlaub zu machen.

Die historisch-intuitive Methode

Geschichte ist mehr als die Summe nüchterner Fakten.
Warum wir anfangen sollten, dem bei unserer wissenschaftlichen
Betrachtung der Welt gerecht zu werden.

Die Universität Glasgow ist eine der ältesten Universitäten Schottlands. Sie besteht aus graubraunen Ziegelsteinen und hat spitze Dächer und Türmchen wie ein Schloss. Der Campus steht allen Besuchern offen. Wer will, kann dort zwischen den alten Gebäuden und in den Kreuzgängen wandeln.

2011 hielt ich dort einen Vortrag über die historisch-intuitive Methode, und zwar vor Professoren und Studenten der Fachrichtungen Archäologie und Geschichte. So viel vorweg: Die ehrwürdigen Professoren runzelten die Stirn, die Studenten waren begeistert. Das begleitet mich bei meiner Arbeit von Anfang an. Es nährt meine Hoffnung, dass die Wissenschaft beginnt, sich aus ihren alten, festgefahrenen, oftmals erstarrten Strukturen loszulösen, und künftig eher bereit sein wird, über den Tellerrand dessen zu blicken, was Rupert Sheldrake den philosophischen Rationalismus nannte.

Hier nun, zum Abschluss dieses Buches, eine bearbeitete und in einzelnen Passagen, der besseren Verständlichkeit wegen, um zusätzliche Informationen ergänzte Version meines Vortrages von Glasgow:

Die moderne Archäologie macht zahlreiche Funde, die wir uns nicht erklären können, manchmal scheitern wir an

Datierungsproblemen, manchmal, weil wir die Botschaft nicht verstehen, die die Menschen der Vergangenheit damit an uns richten. Das kann an einem Kommunikationscode liegen, den wir nicht entschlüsseln können, aber auch am Inhalt der Botschaft, der nicht Teil unseres heutigen Wissensspektrums ist.

Dieser Mangel lässt sich mit klassischen historisch-archäologischen Methoden kaum beheben, denn sie beruhen auf Objektivität und Überprüfbarkeit. Das macht diese Wissenschaften zu exakten, aber es macht sie auch blind für Inhalte von Funden, die in ihrer Art von Wahrhaftigkeit kaum beweisbar sind. Zudem lässt sich mit methodischer Strenge wenig anfangen, wenn ein in seiner Aussage kryptisches Dokument aus ferner Zeit bruchstückhaft ist und zu wenig Elemente aufweist, um es logisch und rational einordnen zu können. Das Ergebnis ist dann zwangsläufig das Unverständnis.

Um diese mangelnde Erforschbarkeit zu überwinden, schlage ich eine neue Analysemethode vor, eine, die auf Intuition beruht.

Viele Funde aus der Antike zeugen von der tiefen Verbindung der alten Völker mit dem Unsichtbaren, das dennoch Teil der Schöpfung ist und mit dem unsere Vorfahren ständig im Dialog standen. Einige dieser Objekte haben Menschen nicht hergestellt, um Gedanken oder Gefühle von Menschen zu vermitteln, sondern um Botschaften zu überbringen, die sie aus dem Unsichtbaren empfingen.

Um die Bedeutung solcher Funde zu verstehen, müssen wir dieselbe Empfangsbereitschaft haben wie die Menschen damals. Sonst wird unser Zeitgeist zu einem Sieb, durch das nur fällt, was wir kognitiv verstehen, und das uns ein breiteres Verständnis der Geschichte erschwert und teilweise ganz unmöglich macht.

Ich glaube, dass die Intuition uns helfen kann, zu verstehen und vielleicht sogar dieselbe Verbindung mit dem Unsichtbaren herzustellen, die unsere Vorfahren besaßen. Eine Verbindung, die mit dem Aufkommen der rein rationalen Wissenschaft verlorenging.

Die methodische Strenge der Archäologen und der Historiker bleibt als wesentliche Errungenschaft der Moderne erhalten, doch wir stellen sie der Erkenntnisart der nicht rationalen Intuition zur Seite, im Rahmen einer Methode, die »historisch-intuitiv« heißt. Forscher können durch nicht rationale, intuitive Fähigkeiten, wenn sie gut trainiert sind, zu Interpretationen gelangen, die auf anderen Wegen unerreichbar sind.

Historiker und Archäologen sind durch dasselbe Schicksal verbunden. Wer sind wir? Woher kommen wir? Wohin gehen wir? Das sind die Fragen, die uns so sehr bewegen, dass viele von uns ihr Leben der Suche nach den Antworten widmen. Als Historiker und Archäologen haben wir den Weg der Vergangenheit und ihrer Erscheinungsformen gewählt, um ein tieferes Verständnis des Lebens und seines Ablaufs zu finden.

Viele von uns blicken in die Vergangenheit, um eine mögliche Zukunft vorzuschlagen. Nicht umsonst nennen wir die Geschichte seit der Antike die »Magistra vitae«, die

Lehrermeisterin des Lebens. Die Geschichte enthält ein Veränderungspotenzial, das uns als Menschheit in die Zukunft projiziert. Die Geschichte als Studium und Rekonstruktion der Vergangenheit mag als »objektive Wissenschaft« definiert sein, in Wirklichkeit ist sie eine vermittelte und oft subjektive Erfahrung.

Das bedeutet, dass historische Interpretationen schon immer von der Ausrichtung, von den Methoden, von den Hilfsmitteln und von der Persönlichkeit der Interpreten, also von den Historikern und Archäologen, beeinflusst waren. Historiker und Archäologen sind ihrerseits beeinflussbar durch die soziokulturelle beziehungsweise wirtschaftliche Struktur, in der sie tätig sind. Deshalb lassen sich in der historisch-archäologischen Methode verschiedene Ausrichtungen erkennen, die klar die Bedürfnisse der Epochen widerspiegeln, in der sie entwickelt wurden, und die damit dem Anspruch von Objektivität und Überprüfbarkeit widersprechen.

Im alten Griechenland etwa diente die Geschichte vor allem dazu, von den Taten der Helden zu berichten, ganz ähnlich wie in modernen Action-Filmen. In dieser Phase war es das primäre Ziel der historischen Erzählung, Gefühle zu wecken. Das emotionslose Wiedergeben historischer Fakten, wie wir es heute betreiben, wäre damals undenkbar gewesen.

Davor wollte Geschichte den Menschen jenen Sinn der Evolution des Lebens vermitteln, der mit der menschlichen Vernunft wenig zu tun hat. Die Historiker vor den alten Griechen stellten Geschichte als Entwicklung auf einem geführten Weg dar, den eine höhere Bedeutung zusammenhielt.

Auch der antike griechische Geschichtsschreiber, Geograph und Völkerkundler Herodot schrieb die Entwicklung der Geschichte den Göttern zu. Für ihn war der Hauptakteur der Geschichte die Gottheit als Garant der Weltordnung. Sobald diese Ordnung beeinträchtigt wird, schreitet sie ein, auf der Grundlage eines Prinzips, das der Autor als φθόνος τῶν θεῶν (phthónos tón theón, zu Deutsch »Neid der Götter«) beschreibt. Doch waren die Götter Herodots und aller anderen antiken Geschichtsschreiber vom menschlichen Geist erschaffen und so emotional, wie es nur Menschen sein können.

Die Historiker und Archäologen des Mittelalters und der Renaissance sahen Geschichte aus der Perspektive der Kirche. Was sie zutage förderten und entdeckten, interpretierten sie konsequent so, dass es ins christliche Weltbild passte.

Die heutige Methode der historisch-archäologischen Forschung stammt aus der Zeit der Aufklärung und ist im Zusammenhang mit dieser Epoche zu sehen. Die Aufklärung verließ sich auf die direkte Beobachtung der Phänomene und den autonomen Gebrauch der Vernunft. Der Glaube an die Vernunft schien nicht nur die Entdeckung und Erklärung der Naturgesetze zu ermöglichen, sondern auch die Gesetze der gesellschaftlichen Entwicklung.

Dies, obwohl die Lichtgestalten der Aufklärung selbst dem Unsichtbaren und damit der Intuition offenbar noch einen hohen Stellenwert einräumten. So etwa legte Isaac

Newton mit seinem Werk *Philosophiae Naturalis Principia Mathematica* den Grundstein für die klassische Mechanik. Seine Mechanik galt Generationen von Wissenschaftlern und Historikern als fundamentaler Beitrag im Sinne rationaler Begründung von Naturgesetzen. Dabei übersahen und übersehen sie immer noch gerne, dass Newton sich intensiv mit Materien befasste, die heutige Wissenschaftler als haarsträubend und esoterisch ablehnen.

So etwa suchte Newton nach dem »Stein der Weisen«, von dem man sich unter anderem versprach, Quecksilber und andere unedle Metalle in Gold umzuwandeln. 369 Bücher aus Newtons persönlicher Bibliothek hatten Bezüge zur Mathematik und Physik seiner Zeit, 170 hingegen (also rund ein Drittel seiner gesamten Bibliothek) waren Werke der Rosenkreuzer, der Kabbala und der Alchemie.

Der Wirtschaftswissenschaftler John Maynard Keynes, der 1936 einen Großteil der alchemistischen Handschriften Isaac Newtons für das King's College in Cambridge ersteigerte, bezeichnete Newton als den letzten großen Renaissance-Magier. Jan Golinski, Historiker an der Universität von New Hampshire, vermutet, dass Newton gehofft haben könnte, ein zusammenhängendes Ganzes, eine zusammenhängende Lehre aus den geheimnisvollen Schriften ableiten zu können.

Geblieben von der Aufklärung ist der Glaube, dass mit weisem Einsatz der Vernunft ein unbegrenzter Fortschritt der Erkenntnis, der Technik und der Moral möglich ist. Infolge dieser Welle des Rationalismus führte der deutsche

Historiker Leopold von Ranke Anfang des 19. Jahrhunderts eine Methode ein, die in der offiziellen Geschichte bis in die 1960er Jahre des 20. Jahrhunderts vorherrschte. Ihre Hauptmerkmale waren Sorgfalt bei Quellendokumenten, genaues Studium der Tatsachen auf Grundlage der Quellen und Kritik an den positivistischen und hegelschen Sichtweisen, im Sinne des deutschen Idealismus, der noch mit der Dichtung in zahlreichen Wechselwirkungen stand.

Die neue methodische Doktrin sollte die Tatsachen so zeigen, wie sie sich darstellten, ohne Interpretationen zuzulassen, geschweige denn vorzuschlagen. Die Bedeutung Rankes in der modernen Geschichtsschreibung ist beachtlich, denn die von ihm vorgeschlagene Ermittlungsmethode beruhte, ähnlich wie die der heute üblichen historisch-archäologischen Methoden, ausschließlich auf der Grundlage von Dokumenten.

Auch in der Archäologie können wir verschiedene Phasen ausmachen. Als Erster benutzte den Ausdruck Ἀρχαιολογία (Archaiología, zu Deutsch »Kunde von den alten Dingen«) der antike griechische Historiker Thukydides. Er gab der Einführung seines Werks über den Peloponnesischen Krieg diesen Titel. Die allgemeine Ἀρχαιολογία von Thukydides enthielt auch einen Verweis auf das, was heute als Archäologie im engeren Sinn gilt. Denn dort findet sich ein Beispiel für eine historische Ableitung von einem archäologischen Fund.

Thukydides behauptete, dass die Phönizier und die kleinasiatischen Karer jene Piraten gewesen seien, von denen es hieß, sie bewohnten die Inseln der Ägäis. Als nämlich die Athener die Kykladen-Insel Delos säuberten und alle Gräber der Insel auflösten, waren mehr als die Hälfte der Leichen Karer, erkennbar an ihrer Rüstung und am Begräbnissystem.

Diese Episode gilt als Urmutter aller archäologischen Ausgrabungen, auch weil sie das Objekt, die Methode und das Ziel dieser Disziplin aufzeigt: Ausgrabungen fördern Reste von Materialien zutage, die durch menschliches Wirken entstanden sind und die dann von Historikern interpretiert werden.

Im 15. Jahrhundert fing Cyriacus von Ancona (italienisch Ciriaco de' Pizzicolli), der zu Recht als der erste moderne Archäologe gilt, an, schriftliche Quellen mit der Analyse alter Objekte zu verbinden. Als Erster erkannte er unter den Monumenten der Akropolis von Athen einige Werke des antiken Bildhauers Phidias, die der ebenfalls antike Reiseschriftsteller und Geograph Pausanias beschrieben hatte.

Doch die Grenzen dieser neuen Disziplin, der Antiquaria, lagen darin, dass sie das Interesse auf antike Kunstwerke als Sammelobjekte konzentrierte und sie von ihrem Kontext isolierte. Erst in der Epoche der Aufklärung befassten sich Wissenschaftler, wie der deutsche Archäologe, Bibliothekar, Antiquar und Kunstschriftsteller Johann Joachim Winckelmann mit der systematischen Ordnung des bis zu diesem Zeitpunkt gefundenen Materials, insbesondere mit der griechischen Kunst.

Doch immer noch sind entweder Vernunft oder Emotionen im Rahmen von Sammlertum, gesellschaftlichem Status und ästhetischer Befriedigung oder beides gleichzeitig in der Archäologie ausschlaggebend. Dabei bleibt der tiefere Sinn, der hinter den einzelnen Objekten steht, oft unentdeckt. In vielen Fällen sucht ihn erst gar niemand.

Symptomatisch für diesen rational-emotionalen Ansatz in der Archäologie ist der Fall des Archäologen Sir Arthur John Evans, der bei seinen Ausgrabungen auf Kreta (1900 bis 1931) zum ersten Mal die Existenz einer bis dahin unbekannten prähistorischen Zivilisation, der minoischen Kultur, nachwies. Evans erwarb das Gelände und finanzierte die gesamten Ausgrabungen. Um Emotionen für seine Arbeit zu wecken, ließ er die Mauern der Paläste teilweise wiederaufbauen und Malereien in leuchtenden Farben rekonstruieren – aber wohl kaum originalgetreu.

Auch die neue Tendenz, bei Ausstellungen das Schild »Please touch« anzubringen, dokumentiert den nach wie vor herrschenden emotionalen Ansatz in der Archäologie, der sich ausschließlich auf die Gefühle und die rationalen Gedanken der Menschen beschränkt und den tiefen Sinn von Objekten ignoriert.

Wenn ich über die Gegenwart und die Zukunft von Historikern und Archäologen nachdenke, entdecke ich eine interessante Parallele zwischen Geschichte und Medizin. Beide wissenschaftlichen Disziplinen haben etwas Grundlegendes gemeinsam: Objekt und Subjekt der Suche sind dasselbe. Der Mensch sucht den Menschen und merkt darüber nicht, dass er mit Einschränkungen und oft auch schlichtweg falsch vorgeht.

Es gibt einen Ansatz in der Medizin, den menschlichen Körper aufzutrennen und zu zerteilen, um seine Funktionsweise zu verstehen. Das Wort Autopsie, das von den griechischen Wörtern αὐτός (autós) für »selbst« und ὄψις (ópsis) für »Sicht« stammt, bedeutet: »Mit eigenen Augen sehen«.

Im Falle einer Krankheit verläuft nach diesem Ansatz die Heilung über ein Medikament, eine Operation oder die Entfernung des kranken Teils. Das heißt, die Krankheit wird ausschließlich vom körperlichen Gesichtspunkt aus betrachtet. Das Erkennen der Krankheit erfolgt ausschließlich durch den Vergleich der Merkmale und Symptome mit den Merkmalen und Symptomen ähnlicher Fälle. Nach der Diagnose folgt die Vorgehensweise allgemeinen Richtlinien, die das Individuum nicht miteinbeziehen und stattdessen nur wissenschaftliche Informationen mit enzyklopädischem Charakter berücksichtigen.

Das ist das Reich der Vernunft und wie wir wissen, führte und führt diese Methode zu zahlreichen Misserfolgen. Immer größer wird die Zahl der seltenen Krankheiten, die nicht im großen Buch der traditionellen Medizin zu finden sind.

Die historisch-archäologische Methode der stratigrafischen (also Schicht um Schicht erfolgenden) Datierung funktioniert genauso, und genauso mehren sich die Funde, die damit nicht mehr erklärbar sind. Je weitreichender der Einsatz der Vernunft und die Vernunfthörigkeit wurden, desto geringer wurde der Einsatz der nicht rationalen Intuition und das intuitive Vertrauen, mit dem unsere Vorfahren ihre Probleme lösten. Der Wissensbereich des Menschen verkleinerte sich damit. Unsere Möglichkeiten des Wissenserwerbs wurden zwar präziser, hatten jedoch eine geringere Reichweite.

Doch es gibt für die Medizin genau wie für die Geschichte noch einen anderen Ansatz, den ich für weiser und umfassender halte. In der Medizin ist dann von der Komplementärmedizin die Rede, die das menschliche Wesen holistisch, also vollständig betrachtet. Sie sieht den Menschen nicht nur als physisches Wesen, sondern auch in Verbindungen mit dem, was außerhalb von ihm ist. Sie sieht ihn verbunden mit seiner Umwelt, seinen gegenwärtigen, vergangenen und zukünftigen Erfahrungen, seinen Gewohnheiten, seiner Ernährung sowie seinem Gefühls- und Sozialleben. Die Grundidee ist, dass wir viel mehr sind als unser Körper und viel mehr als unsere Vernunft, so wie die unsichtbare Wirklichkeit viel größer ist als die sichtbare.

In der Geschichte und der Archäologie entspricht dies der Einführung von drei neuen Hilfsmitteln.

Erstens. Der Sinneseindruck. Der niederländische Historiker Johan Huizinga schuf zu Beginn des 20. Jahrhunderts als Erster die Möglichkeit, die Geschichte über den Sinneseindruck zu verstehen. Er betonte die Wichtigkeit des ästhetischen Elements von Kunst und Literatur für die Arbeit der Geschichtsforscher. Er war inspiriert von der Möglichkeit, eine Gesellschaft beziehungsweise eine Kultur durch den Geist ihrer Kunstwerke und ihrer Literatur kennenzulernen, also unter Umgehung der Vernunft. Der »historische Sinneseindruck« war für ihn das Mittel, als Geschichtsschreiber einen »authentischen Kontakt« mit der Vergangenheit zu spüren. Der Moment dieses Spürens war für Huizinga »der wahre Zeitpunkt der historischen Erkenntnis«.

Zweitens. Der interdisziplinäre Ansatz. Marija Gimbutas (1921–1994) zeigte in der Folge mit ihren Arbeiten das Vorhandensein von alten Elementen der Mythologie in der Archäologie auf. Ihre archäologische und historische Methode basiert auf einer Interdisziplinarität, die eine neue Disziplin hervorbrachte: die Archäomythologie.

Sie beruht auf dem Vergleich historischer Dokumente mit »nicht geschriebenen« Mythen, etwa mit mündlichen Überlieferungen, der Folklore, magisch-religiösen und natürlichen Erscheinungsformen der Archäologie, der Sprachwissenschaft und den Religionen.

Drittens. Die Intuition. Mit der genannten historisch-intuitiven Methode gesellt sich zur methodologischen Strenge der Archäologie die mächtige Erkenntnisart der nicht rationalen Intuition.

Weder in der Medizin noch in der Geschichte geht es darum, den klassischen Ansatz abzulehnen, sondern ihn mit neuen Elementen zu bereichern, die in dieser geschichtlichen Phase der Menschheit ausdrücklich gefragt sind. Wenn wir bereit sind, Sakrales und Profanes, Objektives und Intuitives,

Wissenschaftliches und Künstlerisches zu vermischen, können wir zu Entdeckungen von Bedeutungen gelangen, die uns andernfalls verwehrt bleiben oder uns als ewige Mysterien beschäftigen.

Auf der Suche nach einer umfassenden Definition von Gefühl beziehungsweise Emotion und Intuition hilft uns im ersten Schritt die Etymologie. Schon die Vorsilben der Wörter E–motion (e–moveo) und In–tuition (in–tueor) veranschaulichen zwei entgegengesetzte Bewegungen: das Gefühl, das aus dem Innern nach außen reicht, und die Intuition, die von außen nach innen reicht.

Das Gefühl ist eng mit dem Individuum verbunden, das es hat, und mit seinem ganz persönlichen kulturellen, gesellschaftlichen und sozialen Hintergrund. Es lässt sich nicht verallgemeinern und hat keinen kollektiven Wert. Das Gefühl kann kein Paradigma zur Interpretation eines historischen Ereignisses sein.

Etwas ganz anderes ist der Sinneseindruck oder die Intuition, die nicht aus dem beschränkten Gefühlsbereich der einzelnen Person kommt. Wenn wir bereit sind, den Menschen als Teil eines viel größeren und ausgedehnteren Ganzen zu sehen, wird es plausibel, dass er Signale, Botschaften, Sinneseindrücke und Intuitionen aus einem Bereich empfängt, der außerhalb seiner selbst liegt. Einige Werke der Antike, Bauwerke und Gegenstände entstanden nicht, um mit dem Verstand des Menschen in Verbindung zu treten, sondern um Botschaften zu vermitteln, die ihre Erbauer von dem genannten »Außerhalb« empfingen.

Ich bin überzeugt, dass die Intuition das Mittel sein kann, zu verstehen und womöglich dieselbe Verbindung mit dem Unsichtbaren wiederherzustellen, die diese Menschen hatten und die mit dem Aufkommen und der Vorherrschaft der Vernunft und des Gefühls verlorengeing.

Unsere heutige Aufgabe besteht also nicht darin, etwas neu zu entdecken, sondern darin, etwas wiederzuentdecken, nämlich die Kenntnisse und Fähigkeiten, die unsere Vorfahren besaßen und benutzten. Wir müssen wieder lernen, in Dialog mit dem Unsichtbaren zu treten. Viele dieser Kenntnisse haben wir vor Augen, verborgen in historischen und archäologischen Funden und manchmal auch in der tiefen Bedeutung der Wörter, die wir täglich gebrauchen. Wir brauchen nur die Augen zu öffnen – oder vielleicht zu schließen –, um auf eine andere Art zu sehen.

Schließlich stammt das lateinische Wort für Geschichte, »historia«, vom griechisch οἶδα (oída), das »ich weiß, weil ich gesehen habe« bedeutet. Oder: »Ich habe gesehen, also weiß ich.« Auch in modernen Sprachen, wie im Englischen, bedeutet der Ausdruck »I see« dasselbe wie »I know«.

Ist also der weise Mensch jener, der gesehen hat?

Da nach der klassischen Überlieferung die Weisen, die Seher und die Wahrsager im Allgemeinen blind waren, können wir annehmen, dass das Verb οἶδα und das Wort »historia« eine viel tiefere Bedeutung in sich bergen, als wir bisher dachten. Der Weise ist demnach wohl jener, der sich mit für körperliche Dinge geschlossenen Augen mit dem Unsichtbaren verbindet, hin zu einer intuitiven

Wahrnehmung. Das lateinische Wort »intuitus« bedeutet immerhin: »Er sah«.

Die neue Definition von Geschichte und dem Wort »historisch« führt uns an den Anfang einer neuen faszinierenden Phase in der Entwicklung der historischen und archäologischen Methode. Sie führt uns zur historisch-intuitiven Methode, nach der unsere Epoche verlangt. Und wenn in den Forschungsmethoden der Mensch sich selbst spiegelt, so stehen wir mit der historisch-intuitiven Methode auch vor einer neuen Phase in der Entwicklung der Menschheit.

Mein innigster Wunsch ist es, dass wir alle uns auf diesem Weg wiedersehen.

Strahlensucher und Strahlenflüchter

Die Liste des Österreichischen Verbandes für Radiästhesie &
Geobiologie von Strahlensuchern und Strahlenflüchtern in
der Tier- und Pflanzenwelt, die bei der Bewertung der Wirkung von Orten auf uns helfen kann.

TIERE

Strahlensucher	Strahlenflüchter
Biber	Chinchillas
Enten	Dachse
Eulen	Fasane
Feldhasen	Fische
Katzen	Füchse
Maulwürfe	Gänse
Schildkröten	Hamster
Schlangen	Hausschweine
Termiten	Hochwild
Wasservögel	Hühner
Wildschweine	Hunde
	Kanarienvögel
Insekten	Kaninchen
	Kühe (und andere Rinder)
Ameisen	Mäuse
Bienen	Meerschweinchen
Heuschrecken	Pferde
Hornissen	Ratten
Mücken	Reh- und Rotwild
Wespen	Schafe

Käfer

Bastkäfer
Borkenkäfer
Splintkäfer
Alpenbock
Fichtenbock
Pappelbock

Außerdem:

Schimmelpilze
Stäbchenbakterien (Bazillen)
Viren

Sittiche
Spatzen
Tauben
Ziegen
Zugvögel (Storch,
Schwalbe etc.
und auch sonst
zahlreiche Vogelarten)

Menschen

Andere Primaten:

Menschenaffen
(Gorilla, Schimpanse,
Orang-Utan, Bonobo)
Affen
(z.B. Makaken, Paviane etc.)

KRÄUTER, STRÄUCHER, ZIMMERPFLANZEN ETC.

Strahlensucher	**Strahlenflüchter**
A	**A**
Adlerfarn	Absinth (Echter Wermut)
Allermannharnisch	Ackerdistel
Aloe	Ackerschachtelhalm
Althaeae-Wurzel (Echter Eibisch)	Ackerwinde
Ampfer	Ackerwurz
Anserine (Gänsefingerkraut)	Akelei
Aralie	Alant
Asparagus (Federspargel)	Almbux
	Angelika
B	Anis
	Arnika
Bachbunge	Aster
Bachnelkenwurz	Attich
Bambus	Augentrost
Bärentraube	Azaleen
Bärlauch*	
Bärwurz	**B**
Baumfreund	
Beifuß*	Baldrian
Bergpalme	Banane
Bibernelle	Bärlauch*
Bilsenkraut	Basilikum
Bockshornklee*	Begonie
Bohne*	Beifuß*
Borretsch*	Beinwell
Brechnuss	Benediktinerkraut
Brennnessel	Benjamin

Strahlensucher	Strahlenflüchter
Brombeere*	Berberitze
Bruchkraut	Berufskraut
Brunnelle	Besenginster
Brunnenkresse	Bingelkraut
Buchsbaum	Bitterklee
Buntblatt	Blattfahne
	Blauglockenbaum
C	Bockshornklee*
	Bohne*
Christusdorn	Bohnenkraut
	Braunwurz
D	Brombeere*
Dieffenbachia	**C**
Distel	
Dost	Cattleye
	Chrysantheme
E	Citrus
	Clivia
Efeu	
Eisenkraut	**D**
Erdbeere	
Erz-Engelwurz	Dille
Eukalyptus	Diptam
	Drachenbaum
F	
	E
Farn*/Saumfarn	
Farnkraut	Eberwurz
Fensterblatt	Ehrenpreis
Fettkraut	Eibisch
Fieberklee	
Fingerhut	

Strahlensucher	Strahlenflüchter
Forsythie	Enzian
Fünffingerkraut	Erbsen
	Erdrauch
G	Eselskopf
Gänseblümchen	**F**
Ginster	
Gnadenkraut	Farn*
Goldrute	Fenchel
Gummibaum*	Ficus
	Flieder
H	Frauenhaar
	Frauenmantel
Habichtkraut	
Hagebutte	**G**
Hahnendorn	
Hahnenfuß	Gemüse (diverse)
Hauswurz	Geranien
Heilpflanzen	Gerste
Herbstzeitlose	Getreide
Herkulesstaude	Ginkgo
Holunder	Goldregen
Hopfen*	Grevillee
Huflattich	Grünlilie
Hundszunge	Gummibaum*
	Gurke
I & J	
	H
Islandmoos	
Johanniskraut*	Hafer
	Hamamelis
	Hanf

Strahlensucher	Strahlenflüchter

Strahlensucher	Strahlenflüchter
K	Hartriegel
	Haselnuss
Kräuter	Hederich
Kaladie (Buntwurz)	Heidekraut
Kalmus	Heidelbeere
Kamille*	Herzblatt
Kartoffel*	Herzgespann
Käsepappel	Himbeere
Kerbel*	Hirtentäschel
Klette*	Hopfen*
Kletterrose	Hühnerdarm
Knoblauch*	Huflattich
Kren	
Kresse	**I & J**
L	Immergrün
	Johannisbeere
Labkraut	Johanniskraut*
Lavendel*	
Löffelkraut	**K**
Lungenkraut	
Lyrafeige (Geigenfeige)	Kakteen
	Kamelien
M	Kamille*
	Kampfer
Mädesüß	Känguruklimme
Mannstreu	Karfiol/Blumenkohl
Meerrettich/Kren	Karotte
Meerzwiebel	Kartoffel*
Minze	Katzenpfötchen
Mirabelle	Kerbel*
Mistel	Kernobst allgemein

Strahlensucher	Strahlenflüchter
Mohn	Klatschmohn
Moos	Klette*
Moosbeere	Knabenkraut
	Knoblauch*
N	Knöterich
	Kohlrabi
Nelkenwurz	Königskerze
	Kornblume
O	Kornelkirsche
	Kraut
Odermenning	Kreuzblume
	Kreuzdorn
P & Q	Kümmel
	Kürbis
Palmen	
Palmlilie	**L**
Paprika	
Pestwurz	Lavendel*
Petersilie*	Leberblümchen
Pfefferminze	Lederhülsenbaum
Pfennigkraut	Leinkraut
Philodendron	Liebstöckel
Pilze	Liguster
Porree	Linsen
	Löwenzahn
R	
	M
Radieschen	
Rapunzel	Mais
Rettich	Majoran
Rhabarber*	Malve
Rhododendron	Mandelstrauch

Strahlensucher	Strahlenflüchter
Ringelblume*	Maranta
Rizinus	Mariendistel
	Mehlbeere
S	Melisse
	Melone
Sanddorn*	Mimosen
Sansevieria	Myrre
Sauerampfer	
Sauerklee	**N**
Saumfarn	
Schierling	Nelke
Schilf	Nestfarn
Schlehdorn*	
Schnittlauch*	**O**
Seerose	
Seggen	Orange
Seifenkraut	
Sellerie*	**P & Q**
Silberwurz	
Spindelstrauch	Petersilie*
Spitzwegerich	Petunie
Stechpalme	Pfefferoni
Stockrose	Preiselbeere
	Primel
T	Purpurtüte
Taubnessel*	**R**
Tausendguldenkraut	
Thymian*	Raute
Tollkirsche	Rhabarber*
Tomate*	Ribisel
Tradeskantie	Ringelblume*
	Rittersporn

Strahlensucher	Strahlenflüchter

Strahlensucher	Strahlenflüchter
U, V & W	Roggen
	Rosen
Veilchen*	Rosmarin
Vogerlsalat	Rotdorn
Waldmeister	Rote Rübe
Waldrebe	Rudbeckie
Weihnachtsstern	
Weihrauch	**S**
Weißdorn*	
Wermut*	Safran
Wiesengeißbart	Salat
Wolfstrapp	Salbei
Wollgras	Sanddorn*
	Schafgarbe
X & Y	Schlehdorn*
	Schlüsselblume
Ysop	Schnittlauch*
Yuccapalme	Schöllkraut
	Schraubenbaum
Z	Schwertlilie
	Sellerie*
Zeller	Senf
Zimmerlinde*	Sesam
Zinnkraut	Sonnenblume
Zucchini*	Sonnentau
Zyklame	Spargel
	Spinat
	Steinklee
	Stiefmütterchen
	Strahlenaralie
	Süßholz

Strahlenflüchter

T

Taubnessel*
Thuja
Thymian*
Tomate*

U, V & W

Usambaraveilchen
Veilchen*
Wacholder
Wachsblume
Walderdbeere
Wegwarte
Weihnachtskaktus
Weinstock
Weißdorn*
Weizen
Wermut*
Wiesenklee
Winde
Wundklee

Z

Zimmerlinde*
Zimmerrebe
Zucchini*
Zwiebel
Zyperngras
Zuckerrohr

BÄUME

Strahlensucher	Strahlenflüchter
Aprikose/Marille	Ahorn
Dattelpalme	Akazie
Erle	Apfel
Esche*	Atlaszeder
Faulbaum	Bergahorn
Fichte	Birke
Föhre	Birne
Kiefer	Buche
Kiwi	Citrus
Lärche*	Douglasie
Mammut	Eberesche
Mandelbaum	Edelkastanie
Olive*	Esche*
Pfirsich*	Espe
Pflaume	Feige
Robinie	Götterbaum
Rosskastanie	Johannisbrotbaum
Schnurbaum	Judasbaum
Schwarzföhre	Kirsche
Schwarznuss	Kornelkirsche
Schwarzpappel	Lärche*
Silberpappel	Linde
Steinobst allgemein	Magnolie
Tanne (Colorado, Hänge-)	Maulbeere
Trauerweide	Mispel
Weide	Nuss
Weißtanne	Olive*
Zwetschke	Ölweide
Zypresse	Pappel

Strahlenflüchter

Pfirsich*
Platane
Quitte
Scheinakazie
Silbereiche (austral.)
Stachelbeere
Tanne (Nordmann)
Trompetenbaum
Tulpenbaum
Virginia-Eiche
Walnuss
Weichsel
Zeder
Zitrone
Zürgel (Nesselbaum)

* Lässt sich nicht eindeutig zuordnen.

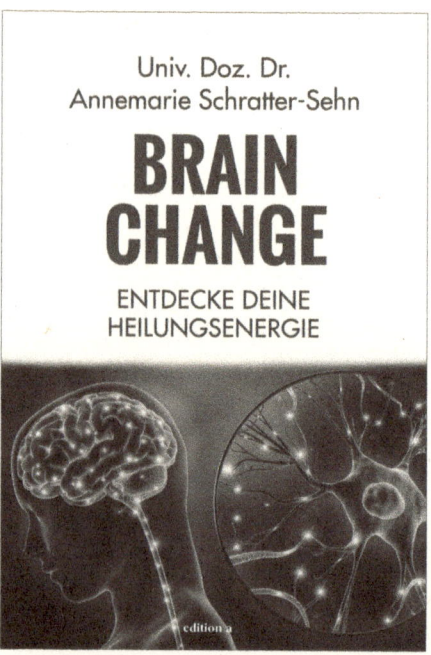

Univ. Doz. Dr. Annemarie Schratter-Sehn
Brain Change - Entdecke deine Heilungsenergie

Als Chef-Ärztin eines renommierten Wiener Kran-
kenhauses, Radioonkologin und ausgebildete Verhal-
tenstherapeutin arbeitete Univ.-Doz. Dr. Annemarie
Schratter-Sehn mit schwer kranken Patienten. Dabei
entdeckte sie eine jahrtausendealte Methode, Selbsthei-
lungsenergien zu wecken. Sie erwies sich als erstaunlich
wirkungsvoll. Fast alle Menschen können sie bei sich
selbst und bei anderen zur ergänzenden Behandlung
jeder Art von körperlichen und seelischen Krankheiten
sowie zum Aufladen ihrer Energiespeicher anwenden.

edition a, 272 Seiten, 24€
ISBN: 978-3-99001-590-2

Eine erstaunliche Liebeserklärung an die Welt, in der wir leben.

Zum
Schmökern,
Blättern
und Träumen.

Der Atlas Obscura sieht nur auf den ersten Blick aus wie ein Reiseführer. Es ist vor allem ein Buch zum Lesen und Träumen – eine Wunderkammer voller unerwarteter, bizarrer und mysteriöser Orte, die gleichermaßen Wunderlust und Wanderlust hervorrufen. Jede einzelne Seite dieses außergewöhnlichen Buchs erweitert unseren Horizont und zeigt uns, wie wunderbar und schräg die Welt in Wirklichkeit ist.

www.mosaik-verlag.de

480 Seiten

978-3-442-39318-3
Auch als E-Book erhältlich